Rosângela Machado

Educação Especial
na Escola Inclusiva

Políticas, Paradigmas e Práticas

1ª edição
5ª reimpressão

Coleção orientada pela Prof. Dra. Maria Teresa Eglér Mantoan

© 2009 Rosângela Machado

© Direitos de publicação
CORTEZ EDITORA
Rua Monte Alegre, 1074 – Perdizes
05014-000 – São Paulo – SP
Tel.: (11) 3864-0111 Fax: (11) 3864-4290
cortez@cortezeditora.com.br
www.cortezeditora.com.br

Direção
José Xavier Cortez

Editor
Amir Piedade

Preparação
Alexandre Soares Santana

Revisão
Auricélia Lima Souza
Alexandre Ricardo da Cunha
Oneide M. M. Espinosa

Edição de Arte
Mauricio Rindeika Seolin

Impressão
EGB – Editora Gráfica Bernardi

Dados Internacionais de Catalogação na Publicação (CIP)
(Câmara Brasileira do Livro, SP, Brasil)

Machado, Rosângela
  Educação Especial na Escola Inclusiva: Políticas, Paradigmas e Práticas / Rosângela Machado. – 1. ed. São Paulo: Cortez, 2009. – (Escola Inclusiva, o desafio das diferenças)
  "Obra em conformidade ao novo acordo da Língua Portuguesa".
  Bibliografia
  ISBN 978-85-249-1512-3
  1. Deficientes – Educação 2. Educação especial 3. Educação inclusiva 4. Inclusão social 5. Qualidade de vida I. Título. II. Série.
  09-05223   CDD-371.9

Índices para catálogo sistemático:

1. Educação especial na escola inclusiva: 371.9
2. Pessoas com necessidades especiais: Escola inclusiva 371.9

Impresso no Brasil – agosto de 2023

Dedico este estudo a Lílian Martins Rodrigues, companheira de todos os momentos, principalmente nos mais difíceis, por seu apoio e incentivo no decorrer de todo este trabalho e pelas palavras de otimismo na hora em que pensei fraquejar. A meus avós, Maria Rosa e Olímpio (in memoriam), meus "heróis" e meus exemplos de garra e determinação.

AGRADECIMENTOS

A Deus, pela presença constante em minha vida.

À Profa. Dra. Maria Teresa Eglér Mantoan, minha orientadora, pelo exemplo de dedicação e de competência e pelo alto nível de exigência e de expectativa que me fizeram traçar novos rumos para este estudo.

À Profa. Dra. Maria Terezinha da Consolação Teixeira dos Santos e à Profa. Dra. Ana Lúcia Guedes Pinto, pelo apoio e pelas preciosas sugestões no Exame de Qualificação e, sobretudo, pelas palavras incentivadoras e pelo afeto recebido.

A meus colegas do Laboratório de Estudos e Pesquisas em Ensino e Diversidade da Faculdade de Educação/Unicamp, pelas trocas de experiência, pelos estudos e discussões.

À Profa. Ms. Lurdete Cadorin Biava, pela revisão do texto e pelas palavras de conforto nas horas mais difíceis deste trabalho.

A todos os colegas da Secretaria Municipal de Educação de Florianópolis/SC.

Às colegas especiais de trabalho, Rosali Maria de Souza e Silva, Vanilúcia Calazans Espíndola e Luciana Zaia Machado, que, com muita determinação e compromisso, ajudaram a consolidar uma rede aberta às diferenças e com quem sempre pude contar.

Aos diretores de Departamento da Secretaria Municipal de Educação, Vanio César Seemann e Marilys Barreto de Souza, pelo constante incentivo e pela amizade.

Aos secretários de Educação de Florianópolis/SC, Telma Guilhermina Rezende Hoeschl e Rodolfo Joaquim Pinto da Luz, por todo apoio e incentivo dispensados no decorrer deste estudo.

Aos professores especializados, por seus relatórios habituais – demonstrando que a história deve ser registrada – e por sua colaboração na composição da narrativa.

Aos professores das instituições especializadas e das escolas especiais, pela determinação e pela coragem de traçar outros rumos para os serviços de educação especial e pela ousadia nas iniciativas.

A minha mãe, Marlene, pelo amor e pela compreensão a mim dedicados.

A minha tia, Sandra, por seu entusiasmo e pelo apoio que me deu em todos os momentos de minha carreira profissional.

A meus sobrinhos, Carolina e André, a minha irmã, Adriana, e meu cunhado, Carlos Alberto, aos quais tanto quero bem.

Aos amigos e amigas pelo apoio nos momentos mais difíceis.

Ao amigo Erivan Rodrigues por sua sempre colaboração nos momentos de formatação do trabalho.

Ao CNPQ, pelo apoio recebido.

Aos funcionários da Coordenadoria de Pós-graduação da Faculdade de Educação da Unicamp, por todas as informações concedidas.

Ao Ministério da Educação, por meio da Secretaria de Educação Especial, por todo apoio recebido aos projetos de implementação do atendimento educacional especializado.

Aos professores Silvanira Lisboa Scheffler e Deunézio Cornelian Júnior, pelo apoio prestado quando solicitado.

Aos amigos Goretti e Octávio, pelas palavras acolhedoras e pelos momentos de descontração nas horas de roda de chimarrão.

A todos os alunos com deficiência que deram sentido a este estudo.

A todos aqueles que, direta ou indiretamente, colaboraram para a concretização deste trabalho.

A educação é o ponto em que decidimos se amamos o mundo o bastante para assumir a responsabilidade por ele e, com tal gesto, salvá-lo da ruína que seria inevitável, não fosse a renovação e a vinda dos pequenos e dos jovens.

A educação é, também, onde decidimos se amamos nossas crianças o bastante para não expulsá-las de nosso mundo e abandoná-las a seus próprios recursos, tampouco arrancar de suas mãos a oportunidade de empreender algo novo e imprevisto para nós, preparando-as, em vez disso, com antecedência para a tarefa de renovar um mundo comum.

Hannah Arendt

SUMÁRIO

PREFÁCIO 11
INTRODUÇÃO 13

CAPÍTULO 1 – O PROBLEMA 19
    A escolha do caminho investigativo 21
    O cenário da pesquisa 28
    O registro do cotidiano 29

CAPÍTULO 2 – INICIANDO A HISTÓRIA 32
    Reinventar a mim mesma 32
    A primeira reunião 36
    As noites mal dormidas 38
    O senso de ocasião – caçar o cotidiano 41
    Onde está a proposta? 47
    As primeiras consultorias 52
    A extinção da função de professor integrador 62

CAPÍTULO 3 – NO MEIO DA HISTÓRIA 65
    O atendimento educacional especializado 65
    A formação continuada dos professores
      – conhecimento especializado 78
    A formação continuada dos professores
      – conhecimento escolar 90
    Sistemas inclusivos – envolvendo outros parceiros 113

CAPÍTULO 4 – O ATENDIMENTO EDUCACIONAL ESPECIALIZADO – UMA OUTRA EDUCAÇÃO ESPECIAL É POSSÍVEL 121
    Salas multimeios 122
        Cegueira 123
        Baixa visão 125
        Deficiência física 126
        Surdez 128

    Deficiência mental 130
Centro de Apoio Pedagógico para Atendimento
às Pessoas com Deficiência Visual – CAP 131
    Núcleos de Apoio e Núcleo de Produção Braille 131
    Núcleo de Formação 132
Recursos financeiros 133
Convênios com escolas especiais e instituições especializadas ..133
Desenho universal – acessibilidade arquitetônica 133
Parcerias 135
Intérprete / tradutor e professor
da Língua Brasileira de Sinais 136
Coordenadoria de Educação Especial 137

CAPÍTULO 5 – A HISTÓRIA NÃO TEM FIM 139
REFERÊNCIAS 147

Prefácio

A educação escolar enfrenta hoje, no Brasil, um momento difícil. Convivemos com uma situação em que qualidade da educação passou a ser uma expressão vazia de sentido.

Um dos maiores obstáculos para a efetivação do direito de todos à educação é o abismo que se interpõe entre as palavras, o discurso, os fatos e as atitudes. Se um sistema educacional pretende garantir esse direito, o primeiro passo deve ser sempre praticá-lo. Não há educação para todos sem um compromisso social de torná-la realidade, nem é a mera convicção teórica que faz que um direito seja respeitado. Seu cumprimento se dá no dia a dia, em nossa maneira de agir e de conquistar espaços democráticos, em que a vida pessoal e coletiva se expressa plenamente na liberdade, na solidariedade e na participação cidadã.

A educação especial, alinhada a essas concepções, não se esgota na evolução de seu entendimento legal, mas deve afetar diretamente a vida escolar, como proposta de ação educativa.

Foi com essa perspectiva de transformação do cotidiano escolar, para atender às exigências e aos imperativos constitucionais de uma educação verdadeiramente inclusiva, que o trabalho narrado neste livro foi idealizado e está sendo posto em prática.

Desde nossos primeiros encontros, percebi, na autora, a intenção de firmar um compromisso no sentido de reconhecer, na rede de ensino de seu município, o direito à diferença na igualdade de direitos.

Ao narrar o percurso de revisão e da reorganização da educação especial na educação básica, fica evidente o grande empenho e a dedicação de uma educadora obstinada em conseguir alcançar seus objetivos. Ela tem o dom de estrategista, mas combina-o bem com as táticas de que se serve para buscar os melhores caminhos de chegar aonde quer.

É um privilégio, para uma rede escolar, contar com uma gestora que tem esse perfil, assim como foi, para mim, orientá-la neste estudo. Os projetos que desenvolvemos juntas, na Unicamp e na rede de ensino de

Florianópolis, nos ensinaram muito e fortaleceram nossos ideais educacionais. Foram momentos de tensão, de grande efervescência, em que pudemos ousar, desafiar, agir com firmeza e determinação para conseguir o que pleiteávamos: uma escola para todos, indistintamente, reconstruída com a colaboração dos que estão envolvidos diretamente nela: seus professores, especialistas, gestores, alunos, pais.

O que conheceremos, nas páginas deste livro, constitui uma relevante contribuição à inserção de alunos com deficiência nas escolas comuns de ensino regular. O caráter complementar do ensino especial emerge do relato, com toda a clareza, de uma experiência que vem do exercício de uma nova prática. Pouco a pouco, ela vai se definindo e revelando seus contornos, seus pontos fortes, suas dificuldades. Tudo está sendo feito e refeito. Afinal, esta é uma história viva, que continua se inventando e modificando-se a todo o instante, para se ajustar ao presente e atualizar todos os possíveis que dele resultem.

Aos leitores, desejo bom proveito desta leitura e que se inspirem nesta história; a Rosângela e a todos que escreveram esta história, reitero minha admiração e meu reconhecimento.

Maria Teresa Eglér Mantoan

INTRODUÇÃO

"Crise" e "mudança de paradigma" são expressões que ouço constantemente. Sabemos que um paradigma entra em crise quando já não está conseguindo explicar os fenômenos da realidade. É nesse momento que buscamos outras maneiras de enfocá-los e compreendê-los. A mudança requer, portanto, um rompimento radical, difícil de ser consumado, mas imprescindível. A crise de paradigma sugere a emergência de novos olhares, de deslocamentos conceituais, enfim, exige um outro referencial para explicar o mundo. Embora a ciência moderna tenha trazido uma valiosa contribuição para nosso entendimento, claro está que ela não pode ser considerada a única e imutável forma de conhecer esse mundo. Propostas estão nascendo a partir de novas perspectivas de abordar o conhecimento. Elas são novas lentes que clareiam a percepção do mundo.

> Um repensar sobre o assunto passa a ser requerido. Novos debates, novas ideias, novas articulações, novas buscas e novas reconstruções, com base em novos fundamentos. Em consequência, inicia-se um processo de mudança conceitual, surge uma forma de pensamento totalmente diferente, uma transição com modelos predominantes de explicação. É o que se chama crise de paradigmas e que geralmente leva a uma mudança de paradigma. A crise provoca sempre um certo mal-estar na comunidade envolvida, sinalizando uma renovação e um novo pensar. Em resposta ao movimento que ela provoca, surge um novo paradigma explicando os fenômenos que o antigo já não mais explicava. (MORAES, 2003, p. 55).

A crise de paradigmas científicos leva, consequentemente, a uma crise nas concepções e nas propostas educacionais. Em que medida essa crise dos paradigmas afeta a escola? Como percebemos a crise paradigmática e as necessidades de mudança na educação?

A escola, bem sabemos, é uma invenção da modernidade e traz em suas raízes o modelo cartesiano/positivista que exerce forte influência nas práticas escolares, privilegiando, entre outras, uma única forma de conhecimento

Introdução

> Acreditamos que as coisas não mudam na escola, principalmente, pelas dificuldades enfrentadas por todos aqueles que nela exercem as suas atividades profissionais ao tentarem se adaptar a uma nova cultura de trabalho, que, por sua vez, requer uma profunda revisão na maneira de ensinar e aprender. Embora quase todos percebam que o mundo ao redor está se transformando de forma bastante acelerada, a educação continua apresentando resultados cada vez mais preocupantes em todo o mundo e a grande maioria dos professores ainda continua privilegiando a velha maneira como foram ensinados, reforçando o velho ensino, afastando o aprendiz do processo de construção do conhecimento, conservando um modelo de sociedade que produz seres incompetentes, incapazes de criar, pensar, construir e reconstruir conhecimento. (MORAES, 2003, p. 16).

> Pensar a complexidade – esse é o maior desafio do pensamento contemporâneo, que necessita de uma reforma do nosso modo de pensar. O pensamento científico clássico se edificou sobre três pilares: a "ordem", a "separabilidade", a "razão". Ora, as bases de cada um deles encontram-se hoje em dia abaladas pelo desenvolvimento, inclusive a das ciências, que originalmente foram fundadas sobre esses três pilares. (MORIN, 2000, p. 199).

– o conhecimento científico. Com base nesse paradigma, a escola classifica os alunos de acordo com níveis de desenvolvimento, e o que está em jogo é sempre, e principalmente, quanto esses alunos assimilaram dos conteúdos acadêmicos. Esse modelo escolar não leva em consideração a subjetividade e a multidimensionalidade humana, que fica reduzida tão-somente ao aspecto cognitivo.

Há, contudo, hoje, no âmbito educacional, movimentos que visam romper com o paradigma educacional dominante e que propõem outros modos de pensar a escola. Eles buscam outros modos de conceber o conhecimento escolar e reveem seus sistemas de avaliação, promovendo uma releitura dos processos de ensinar e aprender. A inclusão escolar situa-se entre esses movimentos.

É nessa perspectiva que esta obra abordará a inclusão escolar, entendendo-a como uma inovação educacional, que decorre de um paradigma educacional que vira a escola do avesso!

A inclusão escolar leva em consideração a pluralidade das culturas, a complexidade das redes de interação humanas. Não está limitada à inserção de alunos com deficiência nas redes regulares de ensino. Além disso, beneficia a todos os alunos excluídos das escolas regulares e denuncia o caráter igualmente excludente do ensino tradicional ministrado nas salas de aula do ensino regular, motivando um profundo redimensionamento nos processos de ensino e de aprendizagem.

O movimento em favor da inclusão escolar é mundial, envolvendo diversos países que defen-

Introdução

dem o direito de todas as crianças e jovens à educação e condena toda forma de segregação e exclusão.

A inclusão provoca uma crise na escola, sobretudo quando defende o direito às pessoas com deficiência de frequentarem as salas de aula comuns, delatando o modelo de educação especial vigente que substitui o ensino regular e mantém soluções paliativas e excludentes para as questões relativas a problemas de aprendizagem. Essa inovação exige, portanto, uma revisão dos serviços de educação especial e sua ressignificação nos sistemas de ensino.

> A inclusão implica uma reforma radical nas escolas em termos de currículo, avaliação, pedagogia e formas de agrupamento dos alunos nas atividades de sala de aula. Ela é baseada em um sistema de valores que faz com que todos se sintam bem-vindos e celebra a diversidade que tem como base o gênero, a nacionalidade, a raça, a linguagem de origem, o *background* social, o nível de aquisição educacional ou a deficiência. (MITTLER, 2003, p. 34).

Se a concepção educacional é inclusiva, há que existir uma coerência entre o que é próprio do ensino regular e o que é próprio do ensino especial. Se as práticas de ensino regular se transformam, o mesmo deve ocorrer com as do ensino especial. Diante desse quadro, é necessário reconstruir as propostas de educação especial no Ensino Básico para que sejam compatíveis com a educação inclusiva, mas jamais negar e suprimir sua existência. Com a convicção, então, de que seria possível colaborar nesse sentido, assumi a Coordenação de Educação Especial da Secretaria Municipal de Educação de Florianópolis/SC.

A inclusão de todos os alunos – com e sem deficiência – nas escolas comuns, todavia, tem causado um problema não só para os professores do ensino regular como também para os professores especializados. Os professores especializados resistem às inovações, mantendo práticas assistencialistas e terapêuticas em seus serviços, ao passo que os professores do ensino regular alegam estar despreparados para lidar com as diferenças.

Os momentos de crise, contudo, são os mais fecundos; e foi num desses momentos que aproveitei para criar um "espaço vazio para o novo". Aprendi que, quando estamos decididos a enfrentar os desafios, encontramos caminhos

> Para que alguma coisa relevante ocorra, é preciso criar um espaço vazio. O espaço vazio permite que surja um fenômeno novo, porque tudo o que diz respeito a conteúdo, significado, expressão, linguagem e música só pode existir se a experiência for nova e original. Mas nenhuma experiência nova e original é possível se não houver um espaço puro, virgem, pronto para recebê-lo. (BROOK, 1999 apud ALVES, 2002, p. 9).

Introdução

> A **integração** envolve preparar os alunos para serem colocados nas escolas regulares, o que implica um conceito de "prontidão" para transferir o aluno da escola especial para a escola regular (BLAMIRES, 1999). O aluno deve adaptar-se à escola, e não há necessariamente uma perspectiva de que a escola mudará para acomodar uma diversidade cada vez maior de alunos. A integração significa tornar as escolas regulares em escolas especiais através da transposição das melhores práticas, dos melhores professores e dos melhores equipamentos das escolas especiais para o sistema regular de ensino, mesmo quando eles parecem não ser necessários. (MITTLER, 2003, p. 34).

que nos levam às mudanças, embora não se excluam as dificuldades inerentes a elas. Esses desafios ensejaram-me a criação de novas formas de compreender a educação especial da Rede de Ensino de Florianópolis/SC.

Insatisfeita com as práticas escolares do ensino especial vigente e por considerar que eram necessárias novas saídas para adequá-las à inclusão, iniciei, em 2001, um processo de mudança que afetou diretamente o ensino especial, mas foi preciso incluir a escola regular como um todo. Instaurou-se, assim, tendo como intermediária a Coordenação de Educação Especial, um rompimento com as práticas cristalizadas de ensino especial e com a naturalização da deficiência como problema localizado no aluno.

A crise provocada pelo confronto entre os paradigmas educacionais da integração e da inclusão escolar criou um momento oportuno para que os valores e os princípios inclusivos atingissem todos os serviços de educação especial da rede de ensino.

Este livro conta o que vivenciei, ao construir teórica e praticamente a inclusão nas escolas municipais de Florianópolis, implementando novos serviços de educação especial e modificando os que já existiam. O trabalho revela as ideias e as propostas, assim como os atores que desempenharam diferentes papéis no cenário da elaboração da complexa proposta de inclusão escolar que desenvolvemos, envolvendo gestores e professores que se articularam para sua efetivação e consolidação em nossa rede de ensino.

Nossa intenção não era abolir a educação especial, mas sua forma de atuação segregadora e excludente. O processo que a educação especial viveu na rede teve repercussão na requalificação do ensino escolar de nosso sistema, pois as reivindicações de melhoria dos serviços da educação especial não conseguem ficar alheias e isoladas de todo o contexto educacional. Pensar a educação especial sem fazer as devidas conexões

Introdução

com outras modalidades e com outros níveis educacionais seria traçar mais uma vez um caminho equivocado para esse ensino. De fato, repensar a educação especial implica repensar a escola comum. Tivemos, portanto, de rever a maneira de ensinar nessas duas modalidades de ensino e constatamos que não são apenas alunos com deficiência que sofrem processos de discriminação e de exclusão nas escolas.

Amparados, então, pela Constituição, para inovar os serviços de educação especial da rede, procuramos não repetir projetos e programas que só mascaram a exclusão. Essas inovações, todavia, não seguiram um percurso linear de implementação, mas um caminho de avanços e retrocessos, de continuidade e estagnação, em todas as ações de transformação que foram propostas nesse sentido.

Para o grupo de educação especial da rede, foi difícil rever velhas concepções, questionar os anos de práticas já consagradas pelo uso. As propostas, fundamentadas em um novo modo de pensar a educação especial, assustavam todos e tiravam as pessoas de lugares seguros já conquistados. Os professores especializados opuseram resistência para se adaptar à nova proposta. O processo de aceitação de novas ideias e conceitos, contudo, não é um processo rápido, exige tempo e persistência.

O fim último da política educacional na rede é a concretização de uma utopia – a educação inclusiva. Foi preciso, então, nos agarrarmos a essa utopia para que, de fato, avançássemos. A utopia pode refazer a realidade, e foi assim que a recriamos. Esta obra, assim, analisa a desconstrução/construção dos serviços de educação especial na rede regular de ensino de Florianópolis/SC.

O livro está dividido em cinco capítulos. No primeiro, descrevo os caminhos metodológicos que me levaram ao conhecimento do cotidiano das nossas escolas.

No segundo, discorro sobre minha atuação como coordenadora de Educação Especial da Secretaria Municipal de Educação, iniciando o processo de discussão dos serviços de educação especial com os professores especializados da rede, para a requalificação desses serviços na perspectiva inclusiva.

Introdução

No terceiro, apresento todo o processo de formação por que passaram os professores especializados e os professores do ensino regular para adequarem suas práticas às diferenças.

No quarto, descrevo a nova organização dos serviços educacionais especializados implementados no decorrer do período 2001-2004.

No quinto capítulo, reafirmo que a inclusão é um processo desafiante, que exige atenção e atualização constantes. A tarefa de receber todos os alunos na escola regular constitui dever de todos e não pode ser postergada.

I

O PROBLEMA

O mundo contemporâneo debate-se no reconhecimento e na valorização das diferenças; todavia, percebo as dificuldades que as redes de ensino têm de lidar com elas. Com a rede de ensino de Florianópolis não foi diferente. Embora tivesse avançado em relação à concepção inclusiva em suas escolas comuns, era preciso saber se o que até então vinha sendo discutido sobre inclusão, sobretudo a inclusão dos alunos com deficiência, estava se incorporando às práticas do ensino especial. O que faltava aprimorar nessas práticas? As necessidades dos nossos alunos com deficiência estavam sendo atendidas nas escolas comuns? O que pensavam o professor da escola comum e o do ensino especial sobre a inclusão de alunos com e sem deficiência?

As discussões sobre inclusão escolar feitas na rede de ensino de Florianópolis trouxeram-me a possibilidade de questionar o modelo de ensino especial vigente.

A Constituição Federal, em seu art. 208, garante "o atendimento educacional especializado aos portadores de deficiência, preferencialmente na rede regular de ensino", apontando para uma compreensão desse atendimento, que passou a ser entendido como complementar e não mais substitutivo do ensino escolar ministrado nas salas de aula comuns. Esse atendimento é diferente do ensino escolar; atende às necessidades específicas dos alunos com deficiência, pro-

> O atendimento educacional especializado, por sua vez, deve ser oferecido preferencialmente na rede regular (art.208, III), e não está escrito, em local nenhum, que ele dispensa o ensino fundamental obrigatório. Como o atendimento educacional especializado, ou educação especial (LDBEN, art. 58 e ss.), é diferente de ensino escolar (LDBEN, art. 21), ele deve ser oferecido como complemento, não suprindo sozinho o direito de acesso ao ensino fundamental. Assim, ou a escola recebe todos, com qualidade e responsabilidade, sendo "inclusiva", ou não está oferecendo "educação", nos termos definidos na Constituição de 1988. (FÁVERO, 2004, p. 33).

O problema

vendo recursos que promovem o acesso desses alunos à escolarização. Os serviços de educação especial da rede deveriam, então, ser um complemento do ensino regular e não seu substitutivo.

É preciso discernir as atribuições do ensino regular das do especial e lembrar que a inclusão não nega a importância de nenhum deles. Os professores especializados não são responsáveis pelo ensino escolar, tampouco os professores do ensino regular o são pelo ensino especializado. É a educação especial – entendida como atendimento educacional especializado – que garante as condições de o aluno com deficiência acessar o ambiente escolar.

> O papel da educação especial, na perspectiva inclusiva, é, pois, muito importante e não pode ser negado, mas dentro dos limites de suas atribuições, sem que sejam extrapolados os seus espaços de atuação específica. Essas atribuições complementam e apóiam o processo de escolarização de alunos com deficiência regularmente matriculados nas escolas comuns. (MANTOAN, 2004, p. 43).

Todas essas questões remeteram-me a uma profunda reflexão sobre os serviços de educação especial existentes na rede de ensino de Florianópolis. Persistia um modelo tradicional de acompanhamento dos alunos com deficiência, realizado por professores itinerantes nas unidades escolares, que fazia que a escola não se responsabilizasse por seu papel de escolarizar, mas transferisse a responsabilidade para os professores especializados.

Os serviços de educação especial existentes na rede de ensino e os das instituições especializadas e escolas especiais, com as quais a Secretaria de Educação mantém convênios, continuavam a destacar as limitações dos alunos com deficiência, na tentativa de prepará-los para a escola comum. Era necessário abandonar a concepção de inserção parcial dos alunos com deficiência (integração escolar) e optar pela inclusão.

> O fim gradual das práticas educacionais excludentes do passado proporciona a todos os alunos uma oportunidade igual para terem suas necessidades educacionais satisfeitas dentro da educação regular. O distanciamento da segregação facilita a unificação da educação regular e especial em um sistema único. Apesar dos obstáculos, a expansão do movimento da inclusão, em direção a uma reforma educacional mais ampla, é um sinal visível de que as escolas e a sociedade vão continuar caminhando rumo a práticas cada vez mais inclusivas. (STAINBACK & STAINBACK, 1999, p. 44).

Havia muitas dificuldades – e é mesmo muito difícil – para remover as barreiras que se interpõem à inclusão no ensino regular e especial.

Era necessário ter a clareza de que os serviços de educação especial disponíveis não correspondiam

O problema

ao que significa o atendimento educacional especializado para pensar na ressignificação do modelo de educação especial. Esse atendimento é uma das garantias de inclusão para os alunos com deficiência nas escolas comuns.

Em todo esse tempo, o ensino especial continuava a substituir o ensino regular.

As mudanças começaram pelo resgate da história da rede que precisava ser revista, e pelo entendimento do lugar da educação especial nas nossas escolas. Em face do que era necessário empreender como nova proposta de educação especial para a rede, as questões se avolumaram. Era necessário saber, por exemplo, por que os serviços de educação especial continuavam sempre os mesmos, sem quaisquer mudanças há tantos anos? Em que esses serviços se distanciavam e/ou se aproximavam do que é entendido, hoje, como atendimento educacional especializado? Como os professores comuns concebiam a educação especial anteriormente praticada e o atendimento educacional especializado complementar de hoje?

Buscando um caminho para responder a essas perguntas, procurei entender os princípios da inclusão escolar, que envolvem uma inovação das práticas de ensino regular e de ensino especial.

A ESCOLHA DO CAMINHO INVESTIGATIVO

Para abordar o problema descrito, elegi a pesquisa com o cotidiano. A opção por essa modalidade de pesquisa possibilitou-me novas maneiras de compreender a realidade investigada, diferentes da maneira habitual, ou seja, a que é

> O atendimento educacional especializado, por sua vez, deve ser oferecido preferencialmente na rede regular (art.208, III), e não está escrito, em local nenhum, que ele dispensa o ensino fundamental obrigatório. Como o atendimento educacional especializado, ou educação especial (LDBEN, art. 58 e ss.), é diferente de ensino escolar (LDBEN, art. 21), ele deve ser oferecido como complemento, não suprindo sozinho o direito de acesso ao ensino fundamental. Assim, ou a escola recebe todos, com qualidade e responsabilidade, sendo "inclusiva", ou não está oferecendo "educação", nos termos definidos na Constituição de 1988. (FÁVERO, PANTOJA & MANTOAN, 2004, p. 8).

> Deste lugar central da matemática na ciência moderna derivam duas consequências principais. Em primeiro lugar, conhecer significa quantificar. O rigor científico afere-se pelo rigor das medições. As qualidades intrínsecas do objeto são, por assim dizer, desqualificadas e em seu lugar passam a imperar as quantidades em que eventualmente se podem traduzir. O que não é quantificável é cientificamente irrelevante. Em segundo lugar, o método científico assenta na redução da complexidade. O mundo é complicado e a mente humana não o pode compreender completamente. Conhecer significa dividir e classificar para depois determinar relações sistemáticas entre o que se separou. (SANTOS, 2005, p. 63).

O problema

própria dos estudos clássicos em educação, geralmente marcados por pressupostos teórico-metodológicos positivistas.

A ciência ocidental criou uma forma abstrata e universal de perceber e pensar o mundo, de tal modo que a ciência moderna tem como pressupostos os modelos racionais/técnicos, ou seja, ao ser investigada, a realidade é submetida a leis matemáticas imutáveis. A natureza é vista, assim, como um artefato técnico. Para conhecer o objeto investigado, é necessário separá-lo em partes para, então, analisá-lo, quantificá-lo e classificá-lo. Cria-se uma separação entre sujeito e objeto da pesquisa, como se a realidade investigada fosse totalmente desprovida da visão de quem investiga. As dúvidas e as incertezas não fazem parte desse modelo de investigação. O conhecimento científico, resultado da ciência moderna, com início no século XVI, estabelece uma crença na verdade absoluta e nos faz ver o mundo de forma mecânica, fixa e linear. Como afirma Morin (2003, p. 21), "o espírito científico é incapaz de se pensar de tanto crer que o conhecimento científico é o reflexo do real".

> O conhecimento científico é certo, na medida em que se baseia em dados verificados e está apto a fornecer previsões concretas. O progresso das certezas científicas, entretanto, não caminha na direção de uma grande certeza. (MORIN, 2003, p. 23).

Para Moraes (2003, p. 32), "a ciência moderna reconheceu a matemática como o instrumento que permitia a análise, a lógica da investigação e o modelo de representação da estrutura da matéria".

A visão da modernidade, então, baseia-se em uma lógica de racionalidade do universo e mantém um modelo hegemônico de ciência, com suas regras epistemológicas próprias. Toda explicação que foge à lógica racional não é considerada uma forma de explicação, e nenhum conhecimento que fuja a essas regras é considerado conhecimento científico. E é nesse contexto que o senso comum passa a ser desconsiderado – não é conhecimento científico. As raízes da ciência estão fincadas no racionalismo cartesiano e no empirismo baconiano. Como afirma Najmanovich (2001, p. 67), "a ideia de que existe um método que permite eliminar o erro e a confusão e chegar ao reino da verdade é própria da modernidade".

A corrente positivista marcou o século XIX e defende como o único conhecimento válido aquele baseado na observação dos fatos. Essa corrente, da mesma maneira, influencia até os dias atuais nossa forma de olhar o

O problema

mundo e de resolver os problemas da humanidade.

As ciências sociais passam a ter os mesmos critérios das ciências naturais, ou seja, as relações sociais são também analisadas pelos fatos observáveis e mensuráveis. Dessa forma, a ciência moderna pressupõe uma realidade objetivada e estável, que nega a subjetividade humana e suas relações com o mundo.

Esse modelo de ciência, todavia, está em crise, principalmente por sua forma limitada de explicar a realidade, desconsiderando a complexidade do mundo no qual estamos inseridos. Nessa nova concepção de mundo, a verdade é constantemente construída e o investigador é considerado como aquele que tem um ponto de vista que não é neutro dentro de um processo de compreensão da realidade, que precisa temporizá-la, ou seja, estabelecer relação direta com o tempo e o espaço e com sua concepção de investigação.

A percepção fragmentada da realidade não nos permite chegar a um conhecimento mais profundo da vida. Nesse sentido, é preciso dar lugar a uma outra forma de produzi-lo e de entender essa realidade. Para Najmanovich (2001, p.22), "não é simples dar lugar a novas metáforas para poder abrir nosso espaço cognitivo a novas narrações". A autora defende ainda o reconhecimento da corporalidade do sujeito. É o que ela chama de "sujeito encarnado", ou seja, aquele que está em constante interação com a realidade, transformando-a, numa "dinâmica criativa de si mesmo e do mundo com que ele está em permanente intercâmbio" (p.23).

A mesma autora apresenta quatro consequências do reconhecimento da corporalidade do sujeito. Primeiro, o "sujeito encarnado" rompe com a perspectiva linear que o mantinha separado da realidade investigada. O sujeito que observa não é neutro, não está de fora do mundo observado. A segunda consequência se refere à corporalidade, ou seja, todo conhecimento humano ocorre a partir de uma perspectiva deter-

> A ciência da modernidade foi construída a partir do pressuposto de uma exterioridade e independência do objeto representado e do sujeito cognitivo. O objeto era uma abstração matemática, um conjunto de propriedades mensuráveis e depois moldáveis. Os únicos modelos matemáticos que a ciência aceitou foram os lineares. O sujeito era pensado como uma superfície que refletia, capaz de formar a imagem da natureza externa, anterior e independente dele. Conhecer era descrever e predizer. O sujeito não entrava no quadro que ele mesmo pintava. Colocava-se sempre imóvel, de fora, seguindo metodicamente as leis eternas da perspectiva. (NAJMANOVICH, 2001, p. 22).

O problema

minada. O "sujeito encarnado" não pode estar em todos os espaços e tempos. Assim, só conhece um contexto determinado. A terceira consequência refere-se à interconectividade entre objeto e sujeito. O conhecimento implica interação, relação, transformação mútua, codependência e coevolução. A quarta consequência, de fundamental importância, diz respeito a uma zona cega, que não podemos ver, visto que a diversidade de olhar é sempre limitada por nossa corporalidade. Podemos compor um "imaginário" complexo, incluindo diferentes fontes de informação, porém nunca infinitas fontes. Um "sujeito encarnado" paga com a incompletude, a possibilidade de conhecer (NAJMANOVICH, 2001, p. 23).

Assim, um novo olhar torna-se necessário para compreender a realidade e romper com a visão linear e fragmentada, um olhar que se abra para a complexidade do mundo. Nesse contexto inserem-se as práticas cotidianas, que são complexas e exigem um olhar voltado para situações reais, em suas singularidades.

Há assim, uma outra escritura a aprender: aquela que talvez expresse com múltiplas linguagens (de sons, de imagens, de toques, de cheiros etc.) e que, talvez, não possa ser chamada mais de "escrita"; que não obedeça à linearidade de exposição, mas que teça, ao ser feita, uma rede de múltiplos, diferentes e diversos fios; que pergunte muito além de dar respostas; que duvide no próprio ato de afirmar, que diga e desdiga, que construa uma outra rede de comunicação, que indique, talvez, uma escrita/fala, uma fala/escrita/fala. (ALVES, 2001, p. 29-30).

Ao assumir a pesquisa com o cotidiano, também assumimos a perspectiva da complexidade, invertendo a lógica das metodologias fundamentadas no paradigma da ciência moderna.

Sobre essa perspectiva, é relevante destacar os quatro aspectos necessários para compreender a complexidade do cotidiano, segundo Alves (2001, p. 15). O primeiro refere-se à necessidade de questionarmos o modo dominante de ver a realidade. A proposta é ir além da forma como aprendemos a vê-la, sob os preceitos da ciência moderna, ou seja, não basta adotar a visão como um único sentido de apreender a realidade: é preciso mergulhar com todos os sentidos no objeto de estudo.

O segundo aspecto, para a autora, compreende a importância de compreender as teorias, os conceitos, as categorias e as noções herdadas das ciências. Não se pode, no entanto, limitar-se a elas: é preciso "virar de ponta-cabeça" todo o conhecimento acumulado.

O problema

O terceiro aspecto consiste no próprio conceito de complexidade, que são as formas de lidar com a diversidade, o diferente e o heterogêneo. Nesse ponto, a ideia é que é preciso dialogar com todo o saber acumulado, mesmo estando esse sob suspeita.

Por último, faz-se necessário assumir uma nova maneira de escrever para além da aprendida. É o que a autora chama de "narrar a vida e literaturizar a ciência" (ALVES, 2001, p. 29).

Diante dessas reflexões, a pesquisa com o cotidiano levou-me a observar detalhes considerados insignificantes, mas que me ajudaram a desvendar as formas ocultas de certas práticas escolares. O envolvimento com a pesquisa proporcionou-me uma interação mais estreita com as escolas, com os professores, os alunos e com os serviços da Rede. O fato de estar atenta ao que se passa nesse cotidiano exige uma percepção que não se limita a um olhar viciado, fragmentado, universal e seletivo do pesquisador, mas que revela em detalhes a complexidade do espaço escolar. Segundo Alves (2001, p.19), "para apreender a 'realidade' da vida cotidiana, em qualquer dos espaços/tempos em que ela se dá, é preciso estar atenta a tudo o que nela se passa, se acredita, se cria e se renova, ou não".

A pesquisa com o cotidiano não só me levou a olhar as escolas com os olhos de quem esteve lá como também me fez entender os emaranhados da reconstrução da educação especial na rede municipal de ensino de Florianópolis. O tempo foi entrelaçado com os acontecimentos, com os significados, com as explicações teóricas e com a minha percepção do que acontece no chão das escolas.

Nesse enfoque metodológico, o cotidiano da educação especial da rede municipal de ensino de Florianópolis não pôde ser traduzido a generalizações. Reunir os dados desse cotidiano e traduzi-los foi um desafio para esta pesquisa. Foram coletados dados complexos, revelando a diversidade e a pluralidade das relações estabelecidas no interior dos serviços de educação especial. As situações do cotidiano desses serviços, atreladas às

> Romper os ferrolhos do modelo cartesiano de pesquisa requer inúmeros mergulhos, mortes e ressurreições. Caças não autorizadas. Vindas e idas. Vivências corporais do que é efêmero. Requer, ainda, assumir que nossos objetos de estudo são tão-somente criações subjetivas. Necessidades e desejos pessoais. Não existem fora de nós mas junto a nós. Em essência, somos parte do próprio tema estudado. Com tudo o que ele tem de bom e de ruim. (FERRAÇO, 2001, p. 103-104).

O problema

> Pesquisar o cotidiano escolar é, assim, um trabalho de busca de compreensão das táticas e usos que os professores desenvolvem no seu fazer pedagógico, penetrando astuciosamente e de modo peculiar a cada momento, no espaço do poder. Abdicando da busca de "ver" a totalidade – objetivo e paradigma de uma ciência que traz, embutida em si mesma, um necessário esquecimento e desconhecimento das práticas cotidianas complexas, plurais e diversas – esta metodologia de pesquisa pretende assumir a complexidade das práticas com suas trajetórias, ações, corpo e alma, redes de fazeres em permanente movimento. (OLIVEIRA, 2001, p. 49-50).

dinâmicas do ensino regular, requereram inúmeros procedimentos de pesquisa. Foi preciso uma forma adequada de organizar o que o cotidiano ia me apresentando e de estudar com todos os sentidos a realidade vivida e vivenciada, que, segundo Ferraço (2001, p. 103), "exige de nós o rompimento das tradicionais amarras metodológico-teóricas produzidas na modernidade".

A realidade estudada foi assumida sob a perspectiva da complexidade, o que significou compreender as múltiplas realidades de nossa rede de ensino, intervindo não de forma generalizada, mas considerando as especificidades locais e individuais de cada escola e de cada profissional que compõem essa rede.

Como afirma Oliveira (2001, p.43), "a vida cotidiana não é apenas lugar de repetição e de reprodução de uma 'estrutura social' abstrata que, além de explicar toda a realidade, a determinaria, como supõem, ainda hoje, alguns". É preciso estar atento às singularidades das redes de ensino as quais não estamos acostumados a perceber.

> Ao nos assumirmos como nosso próprio objeto de estudo, se coloca para nós a impossibilidade de se pesquisar ou de se falar "sobre" os cotidianos das escolas. Se estamos incluídos, mergulhados, em nosso objeto, chegando, às vezes, a nos confundir com ele, no lugar dos estudos "sobre", de fato, acontecem os estudos "com" os cotidianos. Somos, no final de tudo, pesquisadores de nós mesmos, somos nosso próprio tema de investigação. (FERRAÇO, 2003, p.160).

As ações educacionais não podem, portanto, ser analisadas partindo-se somente de um aspecto. Elas interagem com uma infinidade de situações que determinam e movimentam-se na composição de uma dada realidade. Não são somente fatores, por exemplo, econômicos que determinam as ações de uma dada escola. Há, também, no interior dela, uma série de aspectos que compõem sua realidade e que precisam ser analisados nesse conjunto. Não podemos, por tal razão, partir de um fragmento.

Mergulhada, então, na riqueza das propostas da Secretaria de Educação de Florianópolis e das práticas dos profissionais que compõem a Rede

O problema

de Ensino, pude observar uma realidade complexa. Como elemento vivo do cotidiano dessa realidade, pesquisei-o, totalmente imersa nas redes de relações que envolveram não só o tempo, mas também o espaço.

Escolhi o gênero narrativo para escrever sobre o que presenciei e sobre o que vivi, uma vez que essa forma aproxima o pesquisador daquele que não viveu o processo investigativo, assim como enseja uma maior compreensão da realidade estudada. Exerci, assim, segundo Alves (2001, p.33), a arte de contar história, tão importante para quem vive o cotidiano.

A narrativa permite evocar a memória e reelaborá-la pela linguagem, estabelecendo uma rede de significações que expressam os acontecimentos vividos em uma configuração. Sobre isso, Certeau (1994), estudioso do cotidiano, citado em Alves (2001, p.30), aponta que "a narrativização das práticas é uma 'maneira de fazer' textual, com seus procedimentos e táticas próprios".

> É preciso, pois, que eu incorpore a ideia que ao narrar uma história, eu a faço e sou um narrador praticante ao traçar/trançar as redes dos múltiplos relatos que chegaram/chegam até mim, neles inserindo, sempre, o fio do meu modo de contar. Exerço, assim, a arte de contar histórias, tão importante para quem vive o cotidiano do aprender/ensinar. Busco acrescentar, ao grande prazer de contar histórias, o também prazeroso ato de pertinência do que é científico. (ALVES, 2001, p. 33-34).

Narrar a experiência dos Serviços de Educação Especial da rede de ensino de Florianópolis/SC é uma forma apropriada de deixar vir à tona as múltiplas situações cotidianas de uma história compartilhada por muitos atores. Como afirma Azevedo (2001, p. 122), "basta de sermos sujeitos narrados. Nós, os que atuamos nas escolas, somos narradores de nossa experiência, narradores de nossos acontecimentos". E existe, por certo, um mundo diferente daquele que a ciência moderna nos faz conhecer. Se quisermos encontrá-lo, temos de nos aventurar por outros caminhos.

A possibilidade de trabalhar com a narrativa foi um desafio que "topei" enfrentar. Ademais, Colom (2004, p. 8) diz que devemos

> Não há dúvida de que a percepção é pessoal, própria, e por isso se encerra em nós mesmos. Se queremos comunicar o que percebemos, se queremos explicar o que vemos, devemos lançar mão da linguagem, da palavra e, enfim, do discurso. As explicações exigem então a narratividade. Nossa percepção se torna narração quando queremos que seja participativa, e a narração, imanentemente, se torna metáfora da realidade comunicada. (COLOM, 2004, p. 8-9).

O problema

lançar mão da linguagem, da palavra, para explicar o que vemos, e que as explicações exigem a narratividade.

A narrativa ora apresentada revela, assim, o caminho escolhido para apresentar os acontecimentos do cotidiano da rede.

Sem a pretensão de apreender a totalidade, mas com a de considerar e conhecer as práticas que se estabelecem no interior de uma rede de ensino, a pesquisa com o cotidiano fez olhar os caminhos percorridos, as entrelinhas do processo de construção de uma proposta, os sujeitos envolvidos. Percebi, nesse cotidiano, que os sujeitos que compõem uma rede de ensino tecem seus conhecimentos e suas práticas. Sobre isso, Certeau (1994, p. 153) afirma que "uma teoria do relato é indissociável de uma teoria das práticas".

Parto do princípio de que a rede de ensino de Florianópolis teve seu modo próprio de realizar a proposta de educação especial. A pesquisa permitiu perceber essa realidade por meio de sua localidade, de sua singularidade. Por isso mesmo, para inverter os discursos generalizantes, precisei trabalhar outros modos de fazer e de pensar as práticas cotidianas.

O cenário da pesquisa

A cena deste estudo é a Rede Municipal de Ensino de Florianópolis, localizada no sul do país, no Estado de Santa Catarina. Cercada por uma natureza única e composta de um povo híbrido, a cidade de aproximadamente 400 mil habitantes tem 22.811 mil alunos frequentando as escolas da Rede Regular de Ensino Municipal, na educação escolar de nível básico – educação infantil e ensino fundamental – e na modalidade de educação de jovens e adultos. A educação infantil conta com 58 escolas e 7.574 crianças na faixa etária de zero a seis anos, o ensino fundamental, com 37 escolas e 15.237 alunos e a modalidade de educação de jovens e adultos com 11 núcleos. Desse universo, em torno de 350 alunos possuem algum tipo de deficiência.

O problema

O REGISTRO DO COTIDIANO

Os registros mais significativos foram os coletados durante participação direta nas escolas, nas reuniões pedagógicas, consultorias, na formação continuada de professores, nos momentos de planejamento e no que a minha memória guardou dos momentos vividos.

Compreender e interpretar os dados e os registros desse espaço/tempo vivido na construção de uma proposta de educação especial não foi tarefa fácil. Foi um exercício constante para ver além das evidências e perceber as pistas deixadas pelas práticas cotidianas.

> Memórias, pedaços de acontecimentos, resíduos de experiência, retalhos de vida que escolhemos para lembrar. Mesmo que não tenhamos consciência desta seleção, fica o que significa, sons, cheiros, gostos, sentimentos, imagens registradas na memória e reelaboradas na e pela linguagem. (PÉREZ, 2003, p. 103).

Ao compor a narrativa, a memória foi a maior aliada, ajudando a tecer a história, a ressignificar a experiência e a atrelar as lembranças à fundamentação teórica. Ela possibilitou, ainda, corporificar, por meio da linguagem, a experiência vivida. As lembranças tornaram-se, assim, um objeto de conhecimento (tão ignorado pela ciência moderna). Fizeram voltar as tentativas de concretizar desejos, os ensaios para colocar em prática determinada ação, os medos, as dúvidas e incertezas, as angústias e alegrias e tantos outros momentos vividos.

> O processo de tessitura das lembranças é tramado pela utilização da sensibilidade da memória, através da linguagem e dos sentidos, que cada sujeito atribui aos fatos e acontecimentos vividos em sua trajetória pessoal-social, o que torna a experiência comunicável. (PÉREZ, 2003, p. 103).

Os dados provindos da memória foram articulados com as fontes escritas, que revelaram as experiências coletivas e individuais da trajetória de ressignificação dos serviços de educação especial e das relações produzidas no trabalho dos professores especializados, gestores e professores das salas de aula comuns.

Também os registros das atas das primeiras consultorias fizeram repensar a proposta e revelaram relatos referentes às discussões realizadas sobre uma nova concepção e sobre a forma como aos poucos nos liberamos das amarras do

> Tomar contato com as fontes escritas, vivenciar espíritos, sentir saberes e por que não sabores, é mais do que um ato de leitura. É criação na medida em que produz o próprio objeto. É questão de identidade. (SANTOS, 2002).

29

O problema

velho pensamento e tecemos os fios da nova proposta. Os registros, por um lado, demonstraram as dificuldades de mudança; por outro lado, apontaram as possibilidades de transformação, as dúvidas e as ansiedades de cada professor, quando trouxeram à tona as vozes daqueles que foram participantes ativos dessa história.

Outros registros, como o relatório de atividades dos professores especializados e da coordenação, as atas de reuniões, os planejamentos estratégicos, os projetos desenvolvidos, as atas de formação continuada para os professores especializados e da sala de aula comum e os relatórios de atendimento e acompanhamento aos alunos com deficiência, também subsidiaram este estudo.

Esses registros documentais são linguagens materializadas do cotidiano, marcadas por singularidades, identidades e multiplicidades que expõem pistas e indícios de como foi construída a história de uma rede preocupada em acolher as diferenças.

Não só os registros desses espaços/tempos com os professores e alunos compuseram a história, mas também as fontes informais dos cadernos de registro, companheiros de todo momento, do imprevisível, do curioso, do necessário, do considerado desprezível. Esses cadernos documentaram as observações de campo, ou seja, o próprio movimento de construção da proposta de educação especial.

Não segui um cronograma preestabelecido porque as observações foram realizadas em todos os momentos de gestão da proposta de educação especial. Não houve tempo nem espaço definido. Todo tempo era tempo, todo espaço era espaço. Um telefonema de um professor, uma recordação, uma reunião, entre tantos outros momentos, eram documentados em meu caderno de registro. Muitas vezes era difícil anotar tudo o que percebia, exigia esforço e disciplina, e o cotidiano não para a fim de se organizar, ele segue seu rumo, em uma rede de significações e de complexidade que impossibilita um registro determinado e fixado. Foi no caderno de registro que eu escrevi tudo o que aconteceu nesse cotidiano que não é linear.

> Isto porque, como pesquisadora do cotidiano, fui aprendendo que este nos indica possibilidades que escapam e não são vistas em um determinado momento. Precisamos, assim, guardar com carinho tudo o que vamos entendendo ou criando, mesmo que pareça não ser importante, em determinado momento. (ALVES, 1998, p. 10).

O problema

Esses registros e a memória trouxeram vozes ao texto. Foi necessário ler muito atentamente cada material de arquivo, tal a relevância dos dados que traziam, e confrontá-lo com minha percepção.

Em termos de registros escritos, contei com um grupo de professores altamente organizado que registrava todo o seu serviço nos relatórios de atividades. Meu caderno de registro também foi um grande parceiro, acompanhado do caderno de minha colega de coordenação, do qual obtive outros dados.

Contribuíram, ainda, para o enredo dessa narrativa, fotografias de cenas do cotidiano, revelando os múltiplos movimentos que compuseram a história de educação especial da rede de ensino de Florianópolis.

Articulei, assim, as informações, os dados e as imagens, para dar vida à narrativa. Azevedo (2003, p. 128) diz que "narrar o cotidiano escolar significa deixar emergirem as múltiplas redes que o tecem".

> Estamos diante de uma metodologia que vai seguindo os elementos que vão emergindo da prática e/ou procurando identificar o que a ela subjaz, num movimento ziguezagueante, por vezes interrompido para ser retomado mais adiante, por vezes simplesmente interrompido. (AZEVEDO, 2003, p. 136).

Entre tantas formas de explorar a vida cotidiana, essa foi a que encontrei para registrá-la de forma dinâmica, complexa e plural. Foi a pesquisa com o cotidiano que propiciou a percepção de que as práticas são singulares e não universais. Na narrativa apresentada, só são fictícios os nomes dos personagens da rede municipal de ensino de Florianópolis.

INICIANDO A HISTÓRIA

REINVENTAR A MIM MESMA

Comecei a me reinventar no dia em que entrei no prédio da Prefeitura Municipal de Florianópolis, em abril de 2001. Retornava de minha viagem de estudos ao Japão e precisava me apresentar à equipe de Recursos Humanos. Após uma licença sem vencimentos, não retornaria à escola na qual estivera lotada; necessitava saber em que escola voltaria a exercer minhas atividades de professora especializada. Foi então que, para minha surpresa, recebi a notícia de que o diretor do Departamento de Educação Fundamental tinha muito a conversar comigo e que o assunto era muito importante.

Curiosa para saber o motivo da convocação, fui ao encontro marcado, em 26 de abril de 2001. A sala do Departamento estava cheia, muitos professores haviam assumido funções na Secretaria, e lá estavam os gestores da administração 1997-2000, então reeleitos para a administração 2001-2004. O diretor do Departamento desejou-me um bom retorno às atividades escolares e foi direto ao assunto, dizendo-me que queria que eu soubesse que no tempo em que estivera no Japão muitas coisas aconteceram com os serviços de educação especial. Disse-me que tinha consciência de que não houvera melhoria desses serviços; pelo contrário, os professores especializados estavam decepcionados com os encaminhamentos feitos pela Secretaria, e ele concordava com isso, porque durante esse tempo não foram consideradas as reivindicações desses profissionais e as necessidades desses serviços. Eu, então, respondi-lhe que, antes de viajar, os professores já não estavam muito bem com a extinção da Coordenadoria de Educação

Especial e com o aumento do número de unidades escolares por polo, fato que sobrecarregava os professores itinerantes.

De fato, os serviços permaneciam os mesmos. Os professores especializados haviam assumido a função de integrador-polo (professor itinerante com formação em Educação Especial e que atendia a um determinado número de escolas por polo), e os professores de salas de recursos faziam o atendimento à deficiência visual e à deficiência auditiva. Os serviços incluíam, também, a manutenção de convênios com escolas especiais e com instituições especializadas. Os serviços de integrador-polo e de salas de recursos haviam reduzido consideravelmente. O número de polos passou de 21 para nove, e o número de salas de recursos, de seis para duas. O número de unidades escolares por polo aumentava nesse mesmo período.

O diretor do Departamento continuou sua exposição, declarando que já não suportava a insatisfação dos professores especializados – sobrecarga de trabalho, falta de condições e de propostas. Não sabia como conduzir o processo e estava convencido de que era preciso mudar. Por um instante, tive a sensação de que ele queria se livrar do incômodo e da pressão exercida pelos professores especializados; por outro lado, percebia nele um desejo de dar novos rumos aos serviços de Educação Especial. Disse-lhe, então, que sabia que uma nova administração sempre traz novos projetos, reestruturação da equipe de gestores, novo organograma, novos rumos e novos referenciais; entretanto, se para a Educação Especial a reeleição não gerara bons resultados, seria agora a oportunidade de rever as falhas. Ele concordou, ressaltando que a falta de uma coordenadoria para a Educação Especial foi um dos fatores que mais contribuíram para o insucesso dos serviços nesse setor. Reconhecia que não seria possível coordenar tais serviços sem o conhecimento de um coordenador especializado. Foi assim que passei a ser coordenadora da Educação Especial da rede municipal de ensino de Florianópolis.

Por que eu? Não estava muito convencida das razões do convite! Se a Educação Especial estava passando por uma verdadeira crise, por que seria eu a pessoa indicada? Depois entendi: outros professores especializados tinham sido convidados, declinando do convite por terem vivido um período de omissão dos gestores da Secretaria de Educação em relação à Educação Especial e por estarem vivenciando o esgotamento das práticas desse serviço.

Iniciando a história

Seria minha primeira experiência como coordenadora; por isso, por alguns dias, hesitei em aceitar o convite. Foi preciso que eu acreditasse mais em mim mesma. A chance estava ali. Era uma oportunidade para provar a mim mesma que as identidades estão sempre em constante transformação. Uma lição para mim, que implicava fazer o outro entender que nosso ser é um constante vir a ser – lição fundamental para nos entender e, principalmente, no ofício de professor, entender as crianças e nossas escolas. Afinal, o que fui ontem? A professora que não chegava pontualmente no primeiro horário em função dos picos de sono no início de todas as manhãs em razão dos anticonvulsivos. O atraso que incomodava os cânones de normalidade do tempo (há que se criar situações diferenciadas para os professores, há que se humanizar a escola também para os professores). O que eu poderia vir a ser? A professora pontual que, extintas as crises convulsivas, já não precisava das altas doses do medicamento. Não era a pontualidade, todavia, que me faria uma professora compromissada com as práticas escolares, mas minha forma de conduzir a educação e a preocupação com a emancipação dos alunos.

Relembrei aqueles colegas professores que romperam com o protocolo do tempo e das instituições padronizadas. Eles gostavam de minhas discussões e atitudes. Então, pensei em minha ex-diretora, um dos ícones de sustentação de minha autoestima, que nunca cobrou um horário, mas estava atenta a meu potencial.

Retornei, então, à Secretaria para um novo encontro com o diretor do Departamento e para aceitar o convite. No elevador, encontrei-me com as professoras Samanta e Diná. Ao depararem comigo, logo perguntaram:

– E aí, você já se decidiu?

Quando respondi que sim, que iria assumir a coordenação, as professoras não hesitaram em dizer:

– É isso mesmo, acreditamos em você. Sabemos que você fará o melhor que puder.

Eu estava conhecendo a professora Samanta naquele momento; impressionou-me o apoio recebido de sua parte. Fiquei feliz pelo incentivo das duas colegas.

Cheguei à sala do diretor do Departamento e não sei de onde tirei as palavras para aceitar o convite, afirmando que precisaria também conversar com os professores especializados e, sobretudo, saber quais seriam minhas condições de trabalho. Ele, então, advertiu-me de que, para melhorar o serviço de Educação Especial, eu teria carta-branca. Foi muito bom ter essa liberdade para trabalhar; contudo, em contrapartida, minha responsabilidade tinha aumentado. Poderia ter desistido naquele momento, mas não foi o que fiz. Enchi-me de coragem e segui minha missão.

Como coordenadora de Educação Especial, no período de 2001 a 2004, lancei-me ao desconhecido. Não me intimidei diante do momento de conflito e de reivindicações por que passavam os professores especializados, em virtude da falta de uma proposta consistente da Educação Especial na rede.

Um entusiasmo muito grande dava-me forças para enfrentar os desafios de uma coordenação que ninguém estava disposto a assumir. E Morin (2000, p. 149) me ajudou a entender esse sentimento ao expressar que "a intuição, a imaginação, o sonho desempenham um papel enorme, mas não podemos colocá-los em fórmulas matemáticas; não existe nos manuais científicos". Foi, então, que valorizei a subjetividade, aquela força vinda da intuição, da percepção, dentre tantos outros sentimentos que, muitas vezes, ignoramos em nome de uma atitude racional diante da vida, dos fatos. A propósito, se eu tivesse agido racionalmente naquele momento, não teria seguido em frente.

Estava certa, todavia, de que minhas ações deveriam ser compatíveis com meus sonhos. Morin (2000, p. 149) afirma: "O papel do fantasma, do imaginário, é absolutamente inacreditável, sob condição de que ele esteja em diálogo com o trabalho da lógica e seja coerente".

Já assumida a coordenação, tentei me inteirar dos acontecimentos do período em que fiquei ausente, ao mesmo tempo que me apresentava para a equipe do Departamento de Educação Fundamental, que me acolheu muito bem. Embora percebesse o distanciamento que havia entre o Ensino Fundamental e a Educação Infantil, nunca pensei em fragmentar os serviços de Educação Especial, levando em consideração a rede regular de ensino, com seus respectivos níveis e modalidades de ensino.

A secretária de Educação da época me alertou no sentido de que a Educação Especial era uma questão de honra para a instituição e de que era preciso melhorar muito seus serviços. Respondi que faríamos dos

Iniciando a história

serviços de Educação Especial da rede municipal de ensino de Florianópolis um trabalho de excelência no país. Acreditei em meu sonho e arregacei as mangas.

Passados alguns dias de maio de 2001, chegou a hora de conversar com os principais protagonistas dessa história: os professores especializados.

Ansiosa e preocupada, marquei a primeira reunião com os professores, resolvida a ouvir suas necessidades e inquietações e, sobretudo, a obter o apoio do grupo ao qual eu pertencia. O que dizer aos professores? Como iriam me receber?

Percebi, naquela reunião, que o que tinha pela frente era uma rede de ensino que apresentava situações inusitadas, imprevisíveis e desafiadoras. Para lidar com esse cotidiano complexo e dinâmico, precisei, então, aprimorar minhas percepções, meus conhecimentos, minha intuição e minha maneira de lidar com as pessoas e as situações. Foi assim que reinventei a mim mesma.

A PRIMEIRA REUNIÃO

Às 14 horas, todos os professores especializados estavam me aguardando. Cansados de suas lutas em vão, confusos, desconfiados, reticentes, mas otimistas. Muitos sentimentos e expectativas pairavam na sala de reuniões do prédio do Núcleo de Formação da Secretaria Municipal de Educação. Estavam curiosos sobre o que eu tinha a dizer. Foi diante dos professores que coloquei minha primeira questão: tinha sido convidada para assumir a Coordenação da Educação Especial, mas essa função só faria sentido para mim se eu tivesse o apoio deles. Teria esse apoio?

A primeira reação dos colegas foi a preocupação quanto ao fato de a administração anterior estar de volta e, com ela, tudo o que acontecera nos últimos anos de governo. Ouvi o grupo e percebi que os professores estavam angustiados, desanimados; alguns até adoeceram em razão do processo de abandono pelo qual passaram.

– Não foi fácil o período de insegurança e instabilidade que vivemos. Como você sabe, não temos uma Coordenadoria para liderar nossos trabalhos. Não temos a quem recorrer. A Secretaria nos ignora e, quando nos

Iniciando a história

atende, compromete-se com coisas que não cumpre depois – disse-me a professora Amanda.

Os professores continuaram a dar seus depoimentos:

– É a primeira vez que atuo na rede municipal de ensino e me sinto perdida, não sei a quem recorrer para tirar minhas dúvidas – desabafou a professora Márcia.

– Mesmo sem a participação e o apoio dos gestores da Secretaria Municipal de Educação – lembrou Eliete –, realizamos várias reuniões para, de alguma forma, organizar propostas para a Educação Especial. Em dezembro de 1999, com base em consultoria recebida, lançamos um documento intitulado *Proposta preliminar para a definição de uma política pública de educação especial para o município de Florianópolis*, mas ela foi totalmente ignorada pelos gestores da Secretaria.

– Passamos de 1999 a 2000 lançando propostas para a Secretaria, mas elas nunca foram ouvidas; agora a Secretaria que elabore sua proposta e lance políticas adequadas às necessidades dos serviços de Educação Especial – declarou Goreti, exaltada.

Diante desse quadro, vários questionamentos surgiram: O que precisava ser inovado e melhorado? Como conquistar a confiança dos professores especializados, que, com toda razão, estavam extremamente cansados? A professora Sônia, então, ponderou. Para ela, um dos itens da proposta da Educação Especial era uma coordenação para seus serviços e, com minha vinda, esse item estava sendo cumprido. Comigo teriam uma referência; e o melhor, eu era uma professora como os demais e sabia das dificuldades e das angústias de todos. Os demais professores concordaram e me apoiaram como coordenadora.

Terminada a reunião, cumprimentaram-me e desejaram-me um bom trabalho. Saí dali com a sensação de ter sido bem recebida pelos colegas e de que podia contar com eles. Eles queriam, todavia, uma proposta vinda da Secretaria, o que significava mais um compromisso em minhas mãos. E agora? Tinha o desafio, mas não

> A história não constitui, portanto, uma evolução linear. Conhece turbulências, bifurcações, desvios, fases imóveis, êxtases, períodos de latência seguidos de virulências [...]. A história é um complexo de ordem, desordem e organização. Obedece ao mesmo tempo a determinismos e aos acasos em que surgem incessantemente o "barulho e o furor". Ela tem sempre duas faces opostas: civilização e barbárie, criação e destruição, gênese e morte... (MORIN, 2002, p.83).

Iniciando a história

a solução. Foram importantes esses depoimentos sobre o passado para não cometermos as mesmas falhas.

Seguindo Morin, estava certa de que os depoimentos dos professores revelavam-me uma história que continuava por atalhos inimagináveis, traçando caminhos inesperados. Não ficaríamos restritos ao passado. Seríamos otimistas, seguiríamos e encontraríamos outros trajetos.

As noites mal dormidas

Em meu quarto, à noite, ouvia o barulho do relógio e do ponteiro avançando com o passar das horas. Algumas vezes bebia um copo de leite para me acalmar e provocar o sono; outras vezes, assistia a um pouco de TV. Muitas noites foram assim, com a cabeça girando, pensando no que fazer diante de tantos compromissos e responsabilidades.

Nas noites em que conseguia dormir um pouco, ao acordar encontrava ânimo, e uma tranquilidade me invadia a mente como se alguma coisa boa fosse acontecer. Muitas vezes ia dormir com dúvidas cruéis sobre o trabalho e as pessoas, mas quando acordava parecia que tudo se esclarecia.

Comecei a lidar com a imprevisibilidade do cotidiano e com a incerteza das noites. O dia amanhecia e seguia meu caminho para a Secretaria. Quando recebia uma boa notícia, quando alguém me procurava para propor uma parceria, quando algum professor especializado me dava alguma sugestão – e não foram poucos –, era uma satisfação! Muitos professores especializados foram companheiros inestimáveis, pois eu não conseguiria atravessar o caminho da transformação sozinha. Telefonavam para minha casa e diziam:

– Vamos fazer uma mostra dos recursos utilizados pela Educação Especial para os professores da rede? Precisamos reunir as forças.

A professora Sônia enviava-me cartões nos quais escrevia:

– Vá em frente, confio em sua capacidade e compromisso.

Quando vivia essas situações, encontrava estímulo para seguir em frente.

As ocasiões, porém, não são feitas somente de bons momentos e não caminham em linha reta. Em outros momentos, eu era tomada por um sentimento otimista logo interrompido pelas lembranças de alguns colegas professores que não haviam se expressado na reunião, mas que depois me procuravam para dizer:

– Você é uma ingênua; o que fará com um governo que ficou omisso durante quatro anos? Eles vão usar você para concretizar as ideias deles.

Já sabia que o percurso para a construção de uma proposta de Educação Especial não seria tão tranquilo quanto eu imaginara. Muitas batalhas cotidianas precisariam ser travadas. Percebi que a maioria dos colegas do grupo da Educação Especial havia rompido com a dicotomia que acreditavam existir entre dirigentes da Secretaria de Educação e profissionais da escola. Outros, porém, não conseguiam isso e me viam como uma aliada ao poder dos governantes.

As noites e os dias foram fecundos de imaginação, de fantasias e de meditações. Em minha mente, as funções da Coordenação eram como um filme que ia, aos poucos, produzindo cenas do cotidiano. As palavras de Garcia (2001, p. 64) foram estimulantes nessa produção: "A ousadia do fazer é que abre o campo do possível. E é o fazer – com seus erros e acertos – que nos possibilita a construção de algo consistente". Amanhecia, e a claridade que entrava em meu quarto anunciava mais um dia a ser tramado e reinventado, com seus erros e acertos, inerentes à condição humana e à construção de uma proposta.

Certeau acompanhava minha trajetória e afastava de mim pensamentos fixos, universalizados e donos de verdade. Afastava-me de certas influências negativas que só me traziam desânimo e tristeza. As primeiras noções de como enfrentar o cotidiano, de como driblar as forças dominantes do poder, aproveitando as oportunidades de cada situação, foram um aprendizado que me fez, pouco a pouco, distinguir estratégias de táticas.

Esse autor me animava a prosseguir, com o uso das táticas.

Teria de aprender mais uma lição: "artes de fazer" dos praticantes do cotidiano. Se até então eu estava me reinventando, teria agora de tramar

> Chamo de estratégia o cálculo (ou a manipulação) das relações de forças que se torna possível a partir do momento em que um sujeito de querer e poder (uma empresa, um exército, uma cidade, uma instituição científica) pode ser isolado. A estratégia postula um lugar suscetível de ser circunscrito como algo próprio e ser a base de onde se podem gerir as relações com uma exterioridade de alvos ou ameaças (os clientes ou os concorrentes, os inimigos, o campo em torno da cidade, os objetivos e objetos de pesquisa, etc.). (CERTEAU, 1994, p. 99).

Iniciando a história

a reinvenção do cotidiano. Tive de desenvolver um senso de astúcia para me aproveitar das ocasiões e imprimir-lhes meus objetivos e desejos. Não existe um cotidiano pronto, acabado e universal, e todo poder tem suas estratégias. Quando a conjuntura estaria boa para agir? Quando as manipulações partidárias se extinguiriam? Já não estava tão preocupada com as práticas dominantes, com as estratégias que são próprias do poder. Estava atenta às práticas cotidianas. Não era mais tão ingênua como alguns alegavam.

Ao poder dominante restava o domínio do tempo e do espaço; a mim, restavam as ocasiões. Meu lugar era aquele que se organizava no momento; o outro era meu lugar. A tática é ausente de poder, de dominação, e foi essa ideia que impulsionou nossos serviços de Educação Especial a saírem de seus lugares fixos e determinados e a avançar para outros ainda não explorados, outros lugares "não-lugares", "entre lugares".

Tentei passar aos colegas, professores, gestores e equipe pedagógica que uma proposta não se fazia do dia para noite – era uma constante "invenção do cotidiano" – e que os erros eram inerentes a essa construção. Admiti, porém, que as pessoas têm muitas dificuldades de se permitir errar e de relevar o erro do outro. O professor raramente compartilha seus erros; tem medo da avaliação do outro quanto seu desempenho profissional. Como coordenadora, percebi claramente essa dificuldade dos professores.

Cada dia era uma oportunidade de reinventar e inovar os serviços. Suspenses, dramas, preocupações, apreensão e espera compunham a trama da história da Educação Especial tal qual Sherazade no *Livro das Mil e uma noites*.

Seduzir e encantar para que a morte não se aproximasse de nossas práticas escolares foi nosso trunfo, tal qual fez Sherazade, a contadora

---

> A tática não tem por lugar senão o outro. E por isso deve jogar com o terreno do que lhe é imposto tal como o organiza a lei de uma força estranha. Não tem meios para se manter em si mesma, a distância, numa posição recuada, de previsão e de convocação própria: a tática é movimento dentro do campo de ação do inimigo como dizia Von Bullow, e no espaço por ele controlado. Ela não tem portanto a possibilidade de dar a si mesma um projeto global nem de totalizar o adversário num espaço distinto, visível e objetivável. Ela opera golpe por golpe, lance por lance. Aproveita as "ocasiões" e delas depende, sem base para estocar benefícios, aumentar a propriedade e prever saídas. O que ela ganha não se conserva. Este não-lugar lhe permite sem dúvida mobilidade, mas numa docilidade aos azares do tempo, para captar no voo as possibilidades oferecidas por um instante. Tem que utilizar, vigilante, as falhas que as conjunturas particulares vão abrindo na vigilância do poder proprietário. Aí vai caçar. Cria ali surpresas. Consegue estar onde ninguém espera. É astúcia. (CERTEAU, 1994, p. 100-101).

de histórias, para salvar sua vida e a de muitas mulheres. Foi criativa, corajosa e, acima de tudo, inventou a cada noite uma maneira de continuar vivendo no dia seguinte.

O SENSO DE OCASIÃO – CAÇAR O COTIDIANO

Tendo a clareza de que o cotidiano jamais se apresentaria linear, limpo, sequencial, esperava suas idas e vindas e aproveitava as ocasiões. Comecei a visitar a Universidade, as instituições especializadas com as quais a Prefeitura mantinha convênio; então, fui encontrando algumas parcerias. Na verdade, o cotidiano precisou ser caçado, pois não combinam com ele o lugar fixo e a espera de que as coisas aconteçam como num passe de mágica. Estava na Secretaria para melhorar seus serviços. Novas propostas, parcerias e ideias foram aparecendo no caminho.

De repente, estava diante da Universidade Federal de Santa Catarina (UFSC) fechando um acordo para lançar um curso de Língua Brasileira de Sinais (Libras) para os professores da rede. A professora Maria Sílvia Carneiro, do Centro de Educação da UFSC, esclarecia:

– A Libras precisa ser divulgada. Nosso interesse é que não só os alunos do Centro tenham acesso a esse conhecimento, mas também os professores das redes de ensino.

Duas ações se estabeleciam naquele momento: o primeiro curso de Libras oferecido aos professores de nossa rede de ensino e nossa aproximação com a Universidade. Era um bom começo. A maioria dos professores especializados não conhecia a Libras. A Prefeitura disponibilizou, então, o local e o pagamento do instrutor-surdo que ministraria o curso, e a Universidade coordenou o evento.

Durante a organização desse curso de Libras, fui apresentada à professora Marta Dischinger, do Curso de Arquitetura da UFSC. Ela desenvolvia projetos e estudos na área de Desenho Universal.

Desenho Universal é uma filosofia de projeto que visa à criação de ambientes, edificações e objetos, considerando desde o início de sua concepção a diversidade humana. Nessa concepção, as necessidades específicas de todos os usuários – idosos, crianças, gestantes, pessoas com deficiências temporárias ou permanentes – devem ser atendidas, eliminando a ideia de fazer ou adaptar "projetos especiais". (DISCHINGER, BINS & MACHADO, 2004, p.25).

Iniciando a história

Demonstrei meu interesse na acessibilidade arquitetônica das escolas, nas dificuldades de locomoção de alunos com deficiência. Fiquei sabendo, então, que a acessibilidade de nossas escolas não se resumia a rampas e a banheiros adaptados e que poderíamos desenvolver um projeto em parceria para resolver outros problemas observados pela professora: a ausência de acessibilidade e de recursos para toda e qualquer pessoa em nossas escolas em geral.

Para reverter esse quadro, segundo ela, era necessário, em um primeiro momento, realizar uma avaliação e um diagnóstico do patrimônio edificado existente, visando não só à identificação de problemas, mas também, e principalmente, à definição de parâmetros de intervenção para o desenvolvimento de soluções arquitetônicas. Essas soluções poderiam servir tanto para reformas e adaptações dos prédios atuais como para fundamentar novos projetos.

Muito animada com a ideia, sugeri fechar logo tal parceria. A professora Marta continuou a me apoiar, apontando que, mediante o desenvolvimento de estudo analítico das instalações atuais da rede municipal de ensino, ela poderia propor muitas ações inclusivas nas escolas.

Os conhecimentos gerados durante esse processo de avaliação foram difundidos ao corpo técnico da Secretaria Municipal de Educação mediante o acompanhamento e a discussão de minha Coordenadoria; posteriormente, foi possível publicar o trabalho. Trata-se do livro *Desenho Universal nas escolas: acessibilidade na rede municipal de ensino de Florianópolis*, que permitiu a compreensão dos conceitos de acessibilidade ao espaço físico de uma forma mais ampla, contemplando a solução de necessidades específicas oriundas das diferentes necessidades. O livro aborda os princípios do Desenho Universal como recurso para orientar projetos arquitetônicos escolares inclusivos, bem como avalia cinco unidades escolares da rede de ensino e suas condições de acessibilidade, apontando soluções.

Chegara a vez de conversar também com o presidente da Associação Catarinense para Integração dos Cegos (Acic). Em reunião, disse-lhe que precisávamos unir nossas forças em busca da inclusão dos cegos em nossa rede de ensino. A Prefeitura mantinha convênio com a Acic e, para que cada vez mais o convênio se fortalecesse, precisávamos do apoio de seu pessoal especializado. O professor Adilson Ventura gentilmente declarou:

Iniciando a história

– É um prazer ter você aqui e saber que a Secretaria dispõe de uma Coordenadoria para agilizar os serviços de educação especial.

Oportuno foi, então, solicitar-lhe que os professores especializados da rede de ensino de Florianópolis aprendessem o Sistema Braille e o *sorobã*. Expliquei que o ensino do Sistema Braille para os alunos cegos de nossa rede limitava-se ao trabalho de uma única professora que atuava em uma sala de recursos à qual nem todos os alunos cegos tinham acesso.

Senti que o presidente ficara entusiasmado com a proposta, e logo disponibilizou-nos uma professora da Associação para o serviço que havíamos solicitado. Era apenas o começo de outra parceria para melhorar os serviços de atendimento educacional especializado na rede.

E era mesmo apenas o começo de uma parceria. Algum tempo depois, a Associação de Cegos nos propôs a implantação de um Centro de Apoio para Atendimento às Pessoas com Deficiência Visual (CAP), cujo objetivo era produzir material em Braille e recursos adaptados para os alunos cegos e de baixa visão. O CAP seria o resultado de uma parceria entre a Secretaria Municipal de Ensino de Florianópolis, o Ministério da Educação, a Associação Brasileira de Educadores de Deficientes Visuais e a Associação Catarinense para Integração da Pessoa Cega. Foi pela insistência do professor Adilson Ventura – presidente da Associação de Cegos – que se iniciou nossa longa jornada para implantar o CAP de Florianópolis.

Fui percebendo, assim, que os fios do cotidiano iam se tecendo a cada dia. Quando puxava um, outros se entremeavam.

Assim tivemos, como nossas primeiras ações na Coordenadoria, os cursos de Libras e do Sistema Braille e os projetos de Desenho Universal e de implantação do CAP. Morin me ajudou a entender o significado dessas primeiras ações.

"Caçar o cotidiano" exige rapidez e astúcia. Tudo me acontecia em uma velocidade feroz. Às oito horas diárias de jornada de trabalho haviam se ampliado para dez, doze, quantas fossem necessárias para eu dar conta do que ia aparecendo. Não sentia, contudo, que a Educação

> Temos, às vezes, a impressão de que a ação simplifica, pois em uma alternativa decide-se, escolhe-se. Entretanto, a ação é decisão, escolha, mas é também uma aposta. E na noção de aposta há a consciência do risco e da incerteza. Aqui intervém a noção de ecologia da ação. Tão logo um indivíduo empreende uma ação, qualquer que seja, esta começa por escapar às suas intenções. Esta ação entra em um universo de interações e é finalmente o meio ambiente que se apossa dela, em sentido que pode contrariar a intenção inicial. Frequentemente, a ação volta como um bumerangue sobre nossa cabeça. Isso nos obriga a seguir a ação, a tentar corrigi-la [...]. (MORIN, 2002, p. 86-87).

Iniciando a história

Especial havia avançado e nem sequer que os serviços estavam sendo qualificados. Era preciso fazer do tempo um grande aliado na caçada ao novo.

Um grande número de situações promissoras se apresentou à minha frente, e eu ia fechando uma ação aqui, outra ali. Ao mesmo tempo que eu ia abrindo o caminho do possível, "a razão técnica" da máquina pública, a burocracia, tentava me engolir; era um monstro que me agoniava no cotidiano da Secretaria. Se eu me deixasse seduzir por ela, não iniciaria nem sequer a implantação do CAP, dado o número de papéis a serem assinados, as exigências do Ministério de Educação, a adequação dos espaços físicos existentes.

> O "próprio" é uma vitória do lugar sobre o tempo. Ao contrário, pelo fato de seu não-lugar, a tática depende do tempo, vigiando para "captar o voo" possibilidades de ganho. O que ela ganha não guarda. Tem constantemente que jogar com os acontecimentos para transformar em "ocasiões". Sem cessar, o fraco deve tirar partido de forças que lhe são estranhas. (CERTEAU, 1994, p. 46-47).

Tenho muito a agradecer a algumas professoras pelas inúmeras vezes que saíram em dias de excessivo calor a fim de procurar um local para instalar o CAP. Se não fosse pela persistência dessas professoras, que não esperaram a "vontade política" acontecer, o CAP não teria sido implantado. Quando encontravam um lugar adequado, o preço do aluguel era muito alto para os cofres públicos; quando encontravam um lugar adequado e barato, os encaminhamentos eram outros. Sem essa persistência e dedicação, o CAP não existiria. Começa-se do real, do possível, para chegar ao impossível, ao melhor, ao ideal. Essa é a "caça" cotidiana, as professoras com suas "artes de fazer".

> Tem caça maliciosa como o demônio. Corre rasto atrás, confunde suas pegadas, muda de direção várias vezes, até que o caçador fica completamente perdido, sem saber que rumo ela tomou e muitas vezes tão esperta que fica escondida bem perto da gente em lugares tão evidentes que não nos lembramos de procurar. (ANDRADE, 1964, apud ZACCUR, 2003, p.177).

Segui rumo à "caça" de recursos que pudessem financiar as novas propostas de Educação Especial. Em um dia de reunião com o Departamento de Educação Fundamental, apresentei as ações: o projeto do CAP e o do Desenho Universal aprovados, a formação do Sistema Braille para a qual não haveria custos e a da Libras, cujo valor foi reduzido em razão da parceria. Tentei mostrar a nosso diretor, primeiramente, as ações realizadas e a satisfação dos professores especializados a respeito dessas ações; depois, iniciei a negociação. Afirmei que, se quiséssemos fazer da Educação Especial

Iniciando a história

em Florianópolis um trabalho de excelência no país, precisaríamos de recursos financeiros, e eu não dispunha deles. Não havia razão para eu coordenar um trabalho se não havia projeção para recursos.

Ele aventou, então, a possibilidade de disponibilizar recursos do Ensino Fundamental. Não muito convencida, disse-lhe que a Educação Especial tem uma rubrica de recurso próprio da Prefeitura e que bastava fazer uma previsão orçamentária todos os anos e haveria recursos aprovados na totalidade ou em parte. Ocorre, todavia, que não era bem assim. Convicto, disse-me que agora os recursos da Educação Especial estavam atrelados aos do Ensino Fundamental.

Inconformada com a nova situação, fui ao Departamento de Planejamento procurar uma pessoa que trabalha há muito tempo na Secretaria de Educação e que conhece todos seus trâmites financeiros. Ela me informou que a Educação Especial tinha recursos próprios, oriundos da Prefeitura. Bastava apresentar uma previsão orçamentária anualmente. Essas previsões, contudo, não eram apresentadas e, quando apresentadas, os recursos não haviam sido utilizados. Em poucas palavras, há um bom tempo não eram destinados recursos para a Educação Especial por falta de uso dos recursos nos anos anteriores. O próprio diretor surpreendeu-se ao saber disso.

Iniciei, assim, uma série de contatos dentro da própria Secretaria para conhecer a "máquina pública" como um todo, pois o que eu percebia é que, na maioria das vezes, as pessoas ficavam isoladas em suas salas sem conhecer a estrutura que as rodeava. Muitas vezes reclamamos da falta de soluções para determinados problemas, e a solução está bem a nosso lado. Não bastava dizer que não existiam recursos financeiros. O discurso viciado não rompe com o estabelecido "já que não há verbas, não posso fazer nada". É necessário procurar, conhecer, ir em busca, negociar, entender, entre tantas outras, as ações que nos permitem dominar o "monstro" da burocracia.

Fui aos poucos encontrando novas fontes de recursos financeiros e administrando-as com cautela. Naquela época, eu já era capaz de fazer uma previsão orçamentária para o ano seguinte com o dinheiro da Prefeitura. Enquanto isso, ia recebendo apoio de meu diretor e do Ensino Fundamental.

Iniciando a história

Cada ação bem sucedida era socializada com os professores para que, aos poucos, o desânimo desse lugar à esperança e ao otimismo.

Na sequência das ações, chegou a hora de estar frente a frente com os diretores das escolas. O auditório estava repleto e as pessoas, na expectativa do que eu tinha a apresentar como nova proposta de educação especial. Na verdade, todas as ações até então realizadas não chegaram tão rapidamente às escolas da rede. Mesmo com os recursos financeiros disponíveis, os materiais didáticos ainda não estavam nas escolas, e a formação dos professores especializados não podia ser realizada em uma semana, um ano. Não havia, então, para a rede, uma visibilidade de nossas ações. Esteban (2003, p. 201) cita que: "A imprevisibilidade e a invisibilidade tecem o cotidiano, rede em que também se atam previsibilidade e visibilidade".

O momento era de invisibilidade de todas as ações que foram tecidas em tão pouco tempo. De minha parte, cabia uma compreensão da atitude dos diretores, que se manifestavam indignados pelos quatro anos anteriores de gestão. O que eu tinha, porém, que ver com os quatro anos anteriores? Pedia calma e paciência a todos. Não podia fazer nada a não ser deixar os diretores transbordarem suas angústias, sem cair na armadilha de entrar em atitudes de defesa e sem me melindrar por estar ouvindo, às vezes, palavras tão rudes, mas que refletiam os anseios dos profissionais da rede de ensino à procura de compreensão, de como melhorar as condições escolares dos alunos com deficiência.

Confesso que, mesmo sabendo que uma proposta não se constrói da noite para o dia, fiquei angustiada por não ter algo sistematizado e escrito diretamente para esses diretores. Os gestores – prefeita, secretária, diretores, coordenadores – precisavam saber que determinadas ações são de comprometimento e atribuição das instâncias político-administrativas superiores, já que envolvem modificações de natureza política, financeira e burocrática, entre outras. Naquele momento, conclui: é necessário diferenciar o que é de competência político-administrativa e o que é de competência específica da escola, da sala de aula, do professor, do currículo, da nossa forma de compreender o ensino e a aprendizagem.

Iniciando a história

ONDE ESTÁ A PROPOSTA?

As reuniões com os professores especializados continuavam semanalmente, muito exaustivas, porque juntos buscávamos alternativas de trabalho. Confesso que fiquei impressionada com os professores. Mesmo com todo desgaste por que passaram nos quatro anos de omissão da Secretaria, pelas situações tão complicadas que viveram, foi admirável a capacidade que demonstraram de ter esperança novamente. Apesar do cansaço e do desalento pelos quais passaram, ainda realizavam trabalhos admiráveis e se esforçavam para que a rede não se prejudicasse ainda mais. Mesmo afirmando que a Secretaria é que deveria criar a proposta, lá estavam eles me ajudando nessa elaboração, procurando recursos e condições para melhorar sua escola e para qualificar suas práticas. Não tenho dúvida nenhuma de que realmente são os professores que praticam as "artes de fazer" de que tanto nos fala Certeau.

Uma preocupação, no entanto, pairava em todas as reuniões: o número excessivo de unidades escolares por polo. Numa tarde de reunião, contudo, dei a tão esperada notícia: nosso diretor de Departamento havia informado que cada professor atuaria somente em uma unidade escolar, ou seja, na escola em que era lotado. Os professores me interpelaram, e uma das professoras se manifestou, dizendo:

— Durante quatro anos, tentamos amenizar a sobrecarga de escolas por polo, e a Secretaria nunca nos ouviu; e agora vem com a história de somente uma unidade? Preciso ver para crer.

— Se trabalharmos em uma escola apenas, poderemos qualificar o serviço e, quem sabe, com estudos e consultorias, vislumbraremos outras alternativas de trabalho — complementou a professora Bianca.

— Podemos ficar com uma escola básica — propôs Juçara — e com uma unidade de Educação Infantil. Isso ajudará a Secretaria.

— Ao mesmo tempo que essa alternativa alivia nossa sobrecarga, fico preocupada com as outras unidades escolares — argumentou a professora Lígia.

Iniciando a história

Todos ficaram felizes pela conquista e eu, mais ainda, pois acreditava estar ganhando a confiança e o respeito desses professores.

Continuei, todavia, alertando-os de que precisava que cada um esclarecesse a suas unidades escolares a decisão da Secretaria e que não se preocupassem com a questão, pois estudaríamos saídas para os serviços de Educação Especial. Na verdade, os professores especializados estavam sendo atendidos em duas de suas reivindicações dos quatro anos anteriores: a existência de uma Coordenadoria de Educação Especial e a atuação em uma única unidade escolar. Em consequência dessa mudança, a maioria das unidades escolares passou a não ter mais a figura do professor integrador, o que causou outro tumulto na rede.

Os professores especializados sentiam-se aliviados por terem apenas uma unidade escolar para desenvolver seus trabalhos. Paradoxalmente, entretanto, preocupavam-se com as outras escolas. Muitos me procuraram para resolver casos de crianças com deficiência (eu sabia que não poderia, o tempo todo, visitar as escolas para dar orientação, se não estaria fazendo a tarefa dos integradores). Meu papel era ficar na Secretaria para fazer uma nova política de Educação Especial, mas isso não era muito entendido pela rede e pelas equipes pedagógicas das escolas, que reclamavam por eu não estar mais presente. O fato de as professoras terem saído de seus polos sobrecarregou minha função de coordenadora. O que fazer diante dessa situação? Mais um impasse. Novamente o cotidiano se revelou imprevisível. Que tática adotar? Já que o tempo é o melhor amigo das táticas, confiei que aquela situação seria provisória e que um outro caminho me apareceria pela frente. E acertei. A atuação do professor integrador-polo em uma única escola não durou muito tempo. Mais adiante o leitor saberá o porquê.

Toda essa situação evidencia o que Morin (2003, p. 188) quer dizer com a epistemologia da complexidade: "No primeiro momento, a complexidade chega como um nevoeiro, como confusão, como incerteza, como incompressibilidade

> A complexidade está num emaranhado de coisas que faz com que nós não possamos tratar as coisas, parte a parte. Isso corta aquilo que une as partes e produz um conhecimento mutilado. O problema da complexidade parece imenso porque nós estamos num mundo onde só existem determinações, estabilidades, repetições, ciclos, mas também perturbações, obstruções, aparecimentos, o novo. Em toda a complexidade existe a presença de incertezas, sejam empíricas, sejam teóricas, e mais frequentemente ao mesmo tempo empírica e teórica. (MORIN, 2000, p.169).

Iniciando a história

algorítmica, incompreensão lógica e irredutibilidade. Ela é obstáculo, ela é desafio". Era tudo o que eu estava sentindo no momento. O que dizer, então, do que vivi em seguida, quando pensei que as relações que mantinha com os professores eram as melhores?

Passei o recesso de julho pensando no que fazer para mudar e aprimorar os serviços de Educação Especial. Se, por um lado, as professoras já estavam com sua sobrecarga de trabalho reduzida, por outro a rede clamava por uma proposta de Educação Especial que atendesse às suas necessidades. No desespero, redigi algumas propostas com base no Documento Preliminar dos professores especializados. Ledo engano querer fazer algo sozinha. Não há criatividade que dê conta. E não deu certo!

O segundo semestre de 2001 havia se iniciado quando, na primeira reunião do mês de agosto, uma professora divulgou um encontro sobre inclusão na cidade de São Paulo, organizado pelo Grupo 25 – uma organização não governamental formada por um grupo de pais que luta para garantir direitos e deveres de seus filhos com deficiência. Novamente o acaso me agraciou com uma oportunidade. Consegui que a Secretaria financiasse a participação de três professores no evento. Goreti e Sônia e eu fomos as contempladas. Foi nesse Encontro que conhecemos as professoras Maria Teresa Eglér Mantoan e Elizabet Dias de Sá. Nesse evento, convidamos essas duas professoras para serem nossas consultoras.

Retornamos a Florianópolis animadíssimas. Tratei logo de marcar reuniões e mais reuniões para socializar o que havíamos aprendido no encontro: o que, de fato, significava inclusão escolar, entre outros temas. Conversei com a equipe de professores da Educação de Jovens e Adultos e deixei claro que eles também estariam envolvidos com a inclusão escolar, dado que seus alunos também tinham sofrido exclusão na escola regular. Conversei com os responsáveis pela Educação Infantil e Fundamental e pontuei que a inclusão não era uma tarefa exclusiva da Educação Especial, mas que tinha que ver, principalmente, com o ensino regular.

Na primeira reunião com os professores especializados, dei a boa notícia de ter encontrado as duas professoras para nos assessorarem em questões relativas à inclusão. Quando divulguei o nome da professora Maria Teresa, contudo, alguns professores disseram que ela era muito radical, que defendia a inclusão total. Firme, então, defendi que deveríamos saber, primeiramente,

Iniciando a história

quais eram os argumentos dessa professora a favor da inclusão. Alguns professores apoiaram minha posição e ficaram curiosos por ouvir a professora Maria Teresa. Também a professora Elizabet poderia ser muito importante para a nossa rede, por ser cega e também por defender a inclusão total, ou seja, a inclusão incondicional, sem exceções. Na ocasião, ela trabalhava na rede municipal de ensino de Belo Horizonte/MG.

Antes de as consultoras iniciarem seu trabalho, tentei redigir, com os professores especializados, uma proposta de ações, sem considerar que essas duas professoras poderiam dar rumos completamente diferentes a nossos serviços de Educação Especial. Com base nas ações realizadas – projeto do Desenho Universal, CAP, formação em Língua Brasileira de Sinais e Sistema Braille e com "dicas" do Documento Preliminar –, organizei um grupo representativo para sistematizar por escrito as ações da proposta, com o objetivo de otimizar as discussões, visto que no grande grupo de professores isso era difícil. Ledo engano! Foi como se estivéssemos retrocedendo no tempo. O fato de eu ter organizado um grupo representativo levou alguns (poucos, mas suficientes) a deturparem minha atitude e a criarem uma resistência em torno dessa maneira de construir a proposta.

O grupo, devo esclarecer, foi formado pelos professores que se habilitaram ao trabalho, não foi uma escolha minha. A partir de então as reuniões foram cada vez mais exaustivas em razão dos confrontos e conflitos. Dizia a professora Alessandra:

– Eu e meus colegas professores fomos excluídos; a escolha do grupo foi autoritária e seletista.

Eu tentava argumentar que não fora, mas não adiantava. Se no começo de minha coordenação queriam uma proposta vinda da Secretaria, como podiam me chamar de autoritária se fiz o contrário, se organizei um grupo representativo? E esse grupo era formado pelos próprios professores especializados! Enganei-me ao pensar que não teria problemas com esses professores porque eles eram da mesma categoria.

Ledo engano. Ou, por outra: – nós somos brasileiros, sim, mas os espanhóis também eram espanhóis. E os americanos eram americanos, e os franceses eram franceses, e os chineses eram chineses. Mas aqui começa o pavoroso mistério da condição humana. Quando um povo chega à Guerra Civil ninguém é mais brasileiro, ninguém é mais francês, ninguém é mais americano ou cubano. Cada qual é o anti-homem, a anti-pessoa, o anticristo, o antitudo. (RODRIGUES, 1995, p. 281).

Iniciando a história

Em um cotidiano tão complexo, as relações não são tranquilas, e seus habitantes são os mais imprevisíveis possíveis. Assim se caracteriza o dia a dia da rede. E foi nessa situação nova que deparei com as primeiras resistências de alguns professores especializados. A partir de então as reuniões foram muito difíceis. Alguns faziam intriga, cochichavam entre si no fundo da sala. Davam a impressão de que queriam que tudo se desestabilizasse. Creio que foi em razão desses poucos professores que percebi outras atitudes que permeavam as reuniões, como o entusiasmo de alguns, que se juntava ao otimismo de outros, que me apoiavam dizendo:

– Que bom, agora temos uma referência na Secretaria e, com calma, vamos construir uma boa proposta para a Educação Especial.

Houve, assim, uma relação de cumplicidade e muita ternura de muitos professores comigo. Foi a eles que me apeguei. Sônia era uma professora que demonstrava uma grande habilidade de "estar junto", de ser cúmplice e de me respeitar. Tornou-se, com o tempo, membro da Coordenadoria de Educação Especial. Certeau (1994, p. 43) afirma que "[...] essas práticas volta e meia exacerbam e desencaminham as nossas lógicas". De fato, deparei com os desejosos de inovação. E foram eles os que mais me ajudaram a lidar com as grandes dificuldades.

As reações humanas são extremamente difíceis de entender; elas interferem em nossa trajetória profissional. Embora em muitos momentos ficasse magoada, compreendia que nunca escaparia delas. Fui me reinventando no modo de lidar com os vários sentimentos que me invadiam e com as mais diferentes relações. Eu não conseguia entender o motivo pelos quais determinados professores agiam para prejudicar as propostas. Era fato, prejudicavam, mas deviam ter seus motivos.

Todos esses que aí estão
Atravancando o meu caminho,
Eles passarão...
Eu passarinho!
(QUINTANA, 2005).

Aliar-me aos desejosos de mudança foi minha primeira regra, e reconhecer que alguns não estariam na mesma sintonia foi a segunda. Eis o múltiplo se manifestando nas relações profissionais. Lembro-me de dizer aos professores, em reuniões extremamente agitadas, que todos estavam fazendo história. Ninguém era dono da Educação Especial, e os que não estavam se manifestando, por favor, que se manifestassem. Era preciso unicidade, já que enfrentávamos lutas tão difíceis e acirradas. As divergências faziam parte. Ninguém era obrigado a concordar com tudo, e a crítica pela crítica não era bem-vinda. Disse-lhes também que sabia que não iria agradar a todos. Mas que, por favor, percebessem seus limites e os meus e não fizessem de suas dificuldades e insatisfações, até mesmo pessoais, motivos para derrubarem o outro.

Minhas intenções eram as melhores possíveis, mas quando dizia isso, ouvia os cochichos: "Pura demagogia!".

As primeiras consultorias

Com tantas coisas acontecendo, esperava ansiosamente a vinda das professoras Maria Teresa Eglér Mantoan e Elizabet Dias de Sá. Foram elas nossas primeiras consultoras no ano de 2001, quando começamos a entender o verdadeiro sentido do paradigma inclusivo. Confirmando as palavras de Goethe: "ocorre toda espécie de coisas para nos ajudar; coisas que de outro modo não ocorreriam". A professora Elizabet Dias de Sá (Bete Sá) foi a primeira a realizar as formações continuadas com nossos professores especializados; a professora Maria Teresa Eglér Mantoan permanece até hoje como consultora da Secretaria Municipal de Educação de Florianópolis.

Chegaram, então, os dias 5 e 6 de setembro de 2001. A sala ficou repleta. Todos os professores especializados estavam curiosos para ouvir a professora Bete Sá. O que teria ela para nos dizer sobre inclusão? Por que eu gostei tanto de sua palestra em São Paulo? O grupo, organizado em círculo, foi apresentado à professora. Depois da apresentação, houve o momento dos questionamentos sobre as necessidades do grupo. Então, fui a primeira a se manifestar:

– Professora Bete, os professores especializados vêm, há um bom tempo, questionando o próprio papel. No momento, atuam como professores itinerantes, sendo denominados integradores-polo, mas a situação se agravou porque antes atuavam em várias escolas e agora em uma apenas. Várias escolas estão sem os serviços de integrador-polo. Contudo, ainda temos sérias dificuldades de definir serviços de Educação Especial com base na perspectiva inclusiva.

Iniciando a história

– Queremos alternativas para o trabalho, porque, embora estejamos atuando em uma única escola, aliviando a sobrecarga de trabalho, sabemos que isso não é suficiente para qualificar os serviços de Educação Especial – disse a professora Juçara.

Bete, à medida que se apresentavam os depoimentos, ia interferindo:

– Devemos definir uma concepção de Educação Especial e quais são os princípios que irão definir nossa prática e, por meio deles, nossos objetivos e o papel do professor especializado.

– Precisamos de novos caminhos – adiantou a professora Bianca –, pois os alunos com deficiência não estão permanecendo na rede.

– Por outro lado, professora Bete – continuou Sônia –, sou professora da única sala de recurso que existe para alunos com deficiência auditiva e percebo que o trabalho que muitas vezes desenvolvo nessa sala colabora para segregar o aluno, porque a escola considera que a sala de recursos fará milagres para ele. O professor da sala de aula não é participativo, acha que a sala de recursos é que deve dar conta do aluno.

A discussão corria, e os professores estavam muito ansiosos. Márcia acrescentou que o integrador e o professor de sala de recursos eram vistos como os "salvadores da pátria", pois todo e qualquer problema com o aluno com deficiência era de responsabilidade exclusiva deles.

A professora Bete continuou a fazer interferências sobre os depoimentos dos professores:

– Devemos pensar na política, pois é ela quem dirige a educação, e cada gestão tem seu modo de pensar. Qual é o projeto político pedagógico da atual gestão da rede municipal de ensino?

Tentei, então, explicar nossas intenções, dizendo que estávamos construindo tudo novamente. Queríamos conhecer o significado da inclusão para avançarmos nesse processo. Tínhamos ações que considerávamos iniciais, todavia não sabíamos se elas consolidariam uma Educação Especial nos cânones inclusivos.

A professora completou a análise dizendo que o primeiro entendimento de escola inclusiva é que ela acolhe todos; é preciso repensar, por exemplo, a reprovação, a avaliação classificatória, a evasão, todos esses e outros mecanismos excludentes da escola de hoje. Acrescentou que, conosco, poderia discutir um dos vieses da escola inclusiva, que é o papel do professor

Iniciando a história

especializado. Precisávamos pensar novas ações e que elas fossem constantemente avaliadas. Sabíamos que nosso papel deveria ser revisto, mas não sabíamos ainda como redimensioná-lo.

Os depoimentos apontavam, assim, o desafio de encaminhar uma nova proposta de Educação Especial com base na perspectiva inclusiva. Nas manifestações dos professores especializados, estava explícito um período de crise do papel que lhes cabia, tanto na escola comum como na especial. Esse momento de crise, porém, foi extremamente fértil para as possibilidades de mudança. Foi ele que permitiu o surgimento de novas alternativas de atuar de acordo com os novos modos de pensar. Nesse momento, cabia bem saber que "a crise do paradigma se instaura no momento em que o modelo existente não mais funciona, quer por mudanças conceituais, quer por mudança de visão de mundo" (Neves, 2001, p. 49).

Os professores seguiam com suas dúvidas e pedidos de esclarecimentos. A professora Francisca reclamou:

– O trabalho está uma monotonia, uma mesmice. Não há projeto político-pedagógico.

– Como contribuiremos para a escola receber todos os alunos? A discussão é ampla e muito complexa. Como fazer? – prosseguia a professora Sônia.

Cada questão levantada estimulava todos a se manifestarem sobre suas dificuldades. Alessandra seguia com suas indagações:

– Temos dificuldades de trabalhar com a criança com deficiência mental. Em muitos casos, necessitamos de uma boa parceria com a saúde, que não tem políticas públicas adequadas no caso de diagnóstico e atendimento clínico. Os alunos autistas estão restritos às escolas especiais e não sabemos o que fazer com eles.

As perguntas eram as mais diversas, como se tudo pudesse ser resolvido naquele momento, porém demonstravam a preocupação dos professores especializados com a melhoria dos serviços. Na verdade, eles poderiam permanecer na condição de trabalhar em apenas uma escola e deixar por conta da Secretaria toda a responsabilidade da elaboração de uma proposta. O que eu sentia, no entanto, é que muitos professores especializados estavam completamente preocupados com as crianças com deficiência e com suas condições de escolarização.

Iniciando a história

A professora Bete continuava debatendo:
– Todos devem trabalhar para transformar a escola, e transformar a escola significa dar formação para o professor. O professor tem de aprender a trabalhar com as diferenças. Temos de fazer um reordenamento dos serviços de Educação Especial. Que recursos vamos trabalhar, tomando o cuidado para que esses recursos não sejam vistos como substituto da responsabilidade do professor? Em relação ao aluno com deficiência mental, o que deve ser mudada é a visão que o professor tem sobre esse aluno. A resposta desse aluno tem outro ritmo e outro tempo.

Acrescentou, ainda, a professora Mara:
– Também é encaminhado para nós o aluno que não tem deficiência, mas apresenta dificuldade de aprendizagem.

Bete afirmou, então, que era evidente que a escola tinha dificuldades de lidar com os alunos que apresentam dificuldade de aprendizagem, pois a concepção dessa instituição está pautada no aluno padrão; era isso que a inclusão também denunciava e não era papel do professor especializado atender a esses casos. Era, sim, papel do professor da escola comum, que precisava rever suas práticas.

Embora questionando o papel do professor especializado, eu percebia que o grupo oscilava entre o apego ao que realizavam e o desejo de conhecer outras formas de trabalhar. Nesse percurso, de análise e discussão, as práticas da Educação Especial estavam sendo postas em questão. Um novo paradigma estava surgindo. O deslocamento da Educação Especial para o paradigma inclusivo, contudo, deveria vir acompanhado de igual deslocamento das escolas regulares.

> A inclusão é mais que um modelo para a prestação de serviços de educação especial. É um novo paradigma de pensamento e de ação, no sentido de incluir todos os indivíduos em uma sociedade na qual a diversidade está se tornando mais norma do que exceção. (SKRTIC, 1994 apud STAINBACK & STAINBACK, 1999, p.31).

Bete alertou-nos, então, para o fato de que a transição é um caminho doloroso e dramático, pois muitos projetos ficam paralisados. O movimento de mudança é muito dinâmico porque, quando o trabalho dá certo ou vai bem, apaixonamo-nos por tudo. Não conseguimos, nesse caso, separar o eu pessoal do eu profissional. Muitas vezes, porém, a conjuntura não favorece e temos de saber lidar com ela. O que não podemos perder é a diretriz de nosso trabalho. Necessitamos centrar forças nesse desejo.

Iniciando a história

A professora Eliete, muito atenta a tudo o que a professora Bete dizia, interpelou-a:

– O problema é que os caminhos não estão claros para nós. Ou ficamos restritos a nosso específico e parece que segregamos e fragmentamos os serviços, ou deixamos de lado o específico e nos perdemos no geral.

O encontro chegava ao final e já não havia forças para perguntas e discussões polêmicas. Nossas cabeças estavam cheias de conflitos já na primeira tarde dessa consultoria. Sugeri que encerrássemos por ali a reunião e que descansássemos para o dia seguinte.

De volta para casa e refletindo sobre tudo o que havíamos discutido, comecei a pensar que, de fato, a inclusão havia abalado a segurança de nossos saberes e questionado o poder de nossa prática. Lembrei-me das palavras de Mantoan (2003, p.32): "A inclusão provoca uma crise escolar, ou melhor, uma crise de identidade institucional que, por sua vez, abala a identidade dos professores". Nossa identidade de *experts* em Educação Especial estava sendo colocada em xeque.

A identidade formada pela concepção cartesiana, psicologizante e médica, raramente responde à complexidade da existência dos alunos com deficiência. Somos considerados os profissionais que, a todo o momento, responsabilizam-se por saber as soluções para os casos de dificuldades escolares, que têm as respostas para solucionar os comportamentos indesejáveis porque "estudaram para isso". Somos não só os conhecedores de avaliações e testes que confirmam a causa dos insucessos dos alunos com deficiência como também os que aplicam técnicas especializadas. Nossa identidade estava alicerçada numa visão que nos fazia donos do saber e do que fazer com os alunos com deficiência. Ferre (2001, p. 205) afirma que tendemos a "magnificar o saber sobre os demais e negar o saber que os demais produzem sobre si mesmo, fazendo da educação um monte de aplicações técnicas e negando-a como processo de relação". Procurei dormir um pouco mais.

O outro dia amanheceu, e mais uma jornada com a professora Bete estava por vir. Eu estava muito apreensiva. Todas as contribuições da professora tinham sido fundamentais para repensarmos nossa prática, porém não suficientes para percebermos os caminhos que deveríamos tomar. Um novo paradigma sugere novos caminhos; contudo, como tão bem questionaram os professores, quais seriam eles?

Iniciando a história

Todos na sala novamente, sentados em círculo. Dotada de um grande carisma e de uma percepção aguçada das práticas escolares, a professora Bete foi bem recepcionada pelos professores; ela os conquistara. Iniciou a discussão, trazendo elementos importantíssimos para entender nosso papel e certas ponderações de ordem afetiva.

– Não podemos nos apegar às funções antigas, essas já passaram. Há necessidade de esclarecer os parâmetros da política de educação especial no município de Florianópolis. Precisamos, então, defender a política de inclusão e pensar o projeto e suas necessidades com uma direção. Devemos romper com velhos paradigmas. Pergunto ao grupo: do ponto de vista da inclusão, é ou não é necessária a presença do integrador na escola?

Um silêncio pairou na sala.

Bete continuou, alegando que, do ponto de vista da inclusão, nós havíamos perdido esse lugar. Já não existia espaço para o professor integrador. Não que tivéssemos perdido nossa competência; mas não podíamos, portanto, pensar no apego, em "meu lugar". Tudo implicava um redimensionamento. Tínhamos uma especificidade, isso estava claro. Como, porém, fazer isso agora, dentro de uma concepção de escola inclusiva? Era necessário mudar o eixo da Educação Especial, trabalhar com as possibilidades e não mais com as limitações dos alunos.

Continuou o silêncio e, somados a ele, os olhares atentos dos professores.

A professora Eliete foi a primeira a manifestar-se:

– É necessário, então, mudar o eixo da Educação Especial? Como viabilizar isso? Que estratégias usar?

– Claro que precisamos fazer uma reorganização, mas temos de ter mais esclarecimentos – completou a professora Mara.

> O especial na educação tem a ver com a justaposição do ensino especial ao regular, ou seja, com o inchaço deste, pelo carreamento de profissionais, recursos, métodos, técnicas da educação especial às escolas regulares. Esta justaposição já existe há muito tempo e ela sustenta o modelo organizacional da integração escolar, na qual o aluno tem de se adequar ao ensino regular para cursá-lo e o staff do ensino especial vai lhe servir para esse fim.
> O que define o especial da educação não é a dicotomização e a fragmentação dos sistemas escolares em modalidades diferentes, mas a capacidade de a escola atender às diferenças nas salas de aula, sem discriminar, sem trabalhar à parte com alguns alunos, sem currículos, atividades, avaliação adaptados.
> O especial da educação tem a ver com a inclusão total, incondicional de todos os alunos às escolas de seu bairro e ultrapassa o grupo de alunos com deficiência, englobando-os certamente. (MANTOAN, s/d, p. 6-7).

Iniciando a história

Resolvi arriscar algumas palavras, dizendo que o caminho seria repensarmos o papel da Educação Especial, pautados nos princípios da inclusão escolar. Então, precisaríamos repensar alguns de nossos serviços existentes, como as salas de recursos, os integradores, a formação e a própria Coordenadoria de Educação Especial.

A professora Bete não deu muita importância ao que falei. Perspicaz, não queria ouvir de mim – a coordenadora – as sugestões, pois certas questões deveriam ser validadas pelo grupo, para que ganhassem força. Ela insistiu que há uma tendência na qual a inclusão transporta para a escola todo o aparato utilizado pela Educação Especial – precisamos entender essa passagem de um paradigma a outro – e que os perfis de escola e de professor que existem hoje não são os requeridos pela inclusão.

As professoras olhavam-na atentamente, e ela enfaticamente tornava a perguntar:

– O grupo concorda ou não que na perspectiva inclusiva não existe espaço para o integrador?

Balançando suas cabeças, os professores iam respondendo o que achavam: que a figura do integrador estava com seu papel esgotado; que o próprio termo – integrador – não condizia com a perspectiva inclusiva.

A consultoria foi encerrada com a professora Bete dizendo:

– Podemos permanecer em nossos lugares e aos poucos imprimir uma dinâmica diferente de trabalho, aprofundando as discussões até termos claro o que fazer e onde fazer. Talvez uma boa estratégia seja discutir com os profissionais da rede de ensino o papel que cada um ocupa na perspectiva inclusiva, esclarecendo que a inclusão escolar não é exclusivamente de responsabilidade dos professores especializados.

O importante nesse encontro foi perceber que a inclusão escolar propõe um redimensionamento tanto das práticas escolares do ensino regular quanto das práticas do ensino especial, convidando-nos a transformar a rede de ensino de Florianópolis em um sistema único. Stainback

---

Que caminho escolher. Parece que não sabemos que estamos no mesmo impasse de *Alice no País das Maravilhas*, quando encontra o gato Cheshire. Isso não significa que, contrariamente a Alice, tenhamos que saber o caminho, mesmo porque não existe o caminho, mas caminhos, uma pluralidade deles e... desconhecidos. Contudo é necessário escolher algum. E escolher é sempre um risco. Nada nos assegura o resultado do caminho escolhido que, só parcialmente, e muito parcialmente, depende de nós. (GARCIA, 2001, p. 61-62).

Iniciando a história

(1999, p.21) incentiva o sistema único quando diz: "Os professores em geral e especializados, bem como os recursos, devem aliar-se em um esforço único e consistente".

A consultoria da professora Bete foi uma introdução ao estudo da concepção inclusiva e despertou o interesse de aprofundá-la melhor e de perseguir a ideia de uma escola aberta às diferenças. Diante disso, a pergunta que permeava toda a consultoria não calava: que caminhos tomar?

A professora Maria Teresa Eglér Mantoan, nos dias 5 e 6 de novembro de 2001, também trouxe um momento repleto de indagações e de debates. Nesse encontro, estavam presentes os professores especializados, os níveis de ensino da Secretaria, os convidados das redes de ensino estadual e federal, as instituições especializadas e os alunos do curso de Arquitetura que desenvolviam o projeto Desenho Universal nas escolas.

A sala estava novamente repleta, e a professora Maria Teresa, após a apresentação de todos, iniciou sua primeira exposição sobre inclusão escolar:

– Inclusão tem que ver com tudo e com todos. Não existe inclusão parcial: ou existe inclusão ou não existe.

Os olhos atentos dos professores especializados agora juntavam-se aos olhos curiosos dos professores do ensino regular.

– Temos de vencer as barreiras – continuou a professora Maria Teresa –, e elas são processuais, mas a inclusão ou é ou não é. A inclusão é um fato. Integração não é inclusão, porque ela parte de outro conceito. Inclusão implica considerar todos os seres que no momento fazem parte de uma mesma sociedade, mesmo sendo diferentes entre si. Inclusão total tem relação com direito a ser diferente. O direito é fato e ponto de partida para ações que insiram todos em qualquer ambiente ou situação; nesse caso, a situação escolar.

Todos continuavam a ouvir atentamente as palavras da professora Maria Teresa, e quanto

> Nas situações de integração escolar, nem todos os alunos com deficiência cabem nas turmas de ensino regular, pois há uma seleção prévia dos que estão aptos à inserção. Para esses casos, são indicados: a individualização dos programas escolares, currículos adaptados, avaliações especiais, redução dos objetivos educacionais para compensar as dificuldades de aprender. Em suma: a escola não muda como um todo, mas os alunos têm de mudar para se adaptarem às suas exigências. Quanto à inclusão, esta questiona não somente as políticas de organização da educação especial e da regular, mas também o próprio conceito de integração. Ela é incompatível com a integração, pois prevê a inserção escolar de forma radical, completa e sistemática. Todos os alunos, sem exceção, devem frequentar as salas de aula do ensino regular. (MANTOAN, 2003, p. 23-24).

Iniciando a história

mais ela explanava sobre a perspectiva inclusiva, parecia-me que mais apreensivos e cheios de questionamentos ficavam os professores. Seguia a professora:

– A inclusão discute a mudança de sociedade ao reconhecer seus diferentes, e a integração busca diminuir essas diferenças, adaptando o sujeito ao meio. A luta dos diferentes movimentos sociais, hoje, não é pela igualdade, é pela diferença. A dificuldade é que temos experiências de diversidade muito pobres.

Eis que surgiu, nesse momento, o primeiro questionamento:

– Como trabalhar a escola com base na perspectiva inclusiva?

– Uma inclusão real sugere a mudança da escola, que ela deixe de ser conteudista, seriada e classificatória. Deve possibilitar ao aluno debates, vivências, observações, estudos e registros – explicou a professora Maria Teresa.

E assim continuaram as questões:

– E como fica a educação especial na escola inclusiva?

– A inclusão não pode ser um propósito único da educação especial – respondeu a professora. É preciso pensar nas deficiências das escolas e não nas dos alunos. Para haver inclusão, deve-se considerar a não-fragmentação nas modalidades de ensino, tanto na regular quanto na especial.

> Na perspectiva inclusiva, suprime-se a subdivisão dos sistemas escolares em modalidades de ensino especial e de ensino regular. As escolas atendem às diferenças sem discriminar, sem trabalhar à parte com alguns alunos, sem estabelecer regras específicas para se planejar, para aprender, para avaliar (currículos, atividades de avaliação da aprendizagem para alunos com deficiência e com necessidades educacionais especiais). (MANTOAN, 2003, p. 25).

Para exemplificar seu posicionamento adiante, a professora Maria Teresa relatou a experiência da rede municipal de ensino de Sorocaba, da qual foi consultora, para mostrar que é possível fazer uma escola diferente. Explicou que o projeto político-pedagógico é que define os currículos que não são disciplinares. Em tais currículos, o foco não é o conteúdo acadêmico, mas os temas desdobrados em ciclos pelos professores que fazem parte do projeto. Os conteúdos são meios e não fins. Não se trata de uma escola do amanhã, mas de um compromisso com o presente. O aprimoramento dos professores baseia-se em situações concretas, em seu local de trabalho, onde os que apresentam dificuldades comuns reúnem-se para discussão. O desejo de inclusão, assegurou a professora, aumenta com a situação incômoda e com o hábito de conviver com as diferenças, e os processos pedagógicos têm por base debates, vivências, pesquisa, estudo do meio e registros.

Na consultoria do dia seguinte, consequentemente, discutimos, à luz da perspectiva inclusiva, que direção deveria ser dada ao trabalho nas escolas da rede de ensino de Florianópolis. A primeira questão referiu-se ao trabalho de inclusão, que não poderia ficar restrito à Educação Especial. Havia, por certo, a necessidade de realizarmos uma discussão mais abrangente sobre inclusão, que envolvesse todos os níveis de ensino e as modalidades da rede e que repensasse a escola que temos no que diz respeito a currículo, avaliação e seriação, entre outros elementos do contexto educacional.

> A distinção entre integração e inclusão é um bom começo para esclarecermos o processo de transformação das escolas, de modo que elas possam acolher, indistintamente, todos os alunos, nos diferentes níveis de ensino. (MANTOAN, 2004, p. 40).

Percebi, de fato, naquele instante, a inquietude do grupo. E foi nesse momento de interlocução com a consultora que realmente nos sentimos ameaçados por uma nova organização, porque a discussão trouxe outros pontos de reflexão que correspondiam ao novo olhar e às necessidades das escolas e implicavam essa reorganização e a estrutura de nossa rede de ensino. O fato de não existir uma forma de atuação padronizada, todavia, levou-nos a analisar o cotidiano no qual estávamos inseridos e a atuar a partir dele. Situações de insegurança são comuns num percurso ancorado em uma nova maneira de pensar.

No segundo dia, novamente a figura do professor integrador foi questionada. Esse professor integrador tem que ver com integração, e percebemos isso ao discutir as diferenças entre integração e inclusão. A Educação Especial, contudo, deve ser parte integrante da rede regular de ensino. As ações, assim, não poderiam ser pensadas isoladamente do ensino regular.

> A educação especial se protege, ao mostrar-se temerosa por uma mudança radical da escola e ao apoderar-se da inclusão como um assunto de competência. O ensino regular se omite (deliberadamente) em relação à inclusão, para evitar uma revisão de suas práticas e a sua transformação geral, entendendo que a inclusão é um problema do ensino especial e reforçando o interesse deste de encampar a inclusão e apoderar-se dessa ameaça à sua continuidade e valorização nos sistemas educacionais vigentes. (MANTOAN , s/d, p. 6).

Iniciando a história

O novo paradigma exigia, assim, novas significações, e isso nos desorientava porque o caminho – feito de ir e vir, parar e continuar, acertar e errar, recuar e ousar e de outros sentimentos que nos invadiram numa batalha constante entre o individual e o coletivo – ainda não se mostrava seguro.

A inclusão indicou-nos as "deficiências do ensino especial" e, ao mesmo tempo, uma reorganização nas estruturas do ensino regular a fim de atender às diferenças. Por isso a necessidade de envolver todos, não somente os professores especializados, na busca de uma escola aberta às diferenças.

A proposta redigida pelo grupo representativo e que ocasionara tanta confusão já não fazia sentido. Havia sido, contudo, aprovada pelo colegiado da Secretaria. Uma séria preocupação, então, tomava conta de meu pensamento: estava feliz com o novo olhar, mas apreensiva com a proposta.

Foi assim que encerramos a consultoria, depois de muita discussão. Fiquei muito animada por estar introduzindo um referencial totalmente inovador.

A EXTINÇÃO DA FUNÇÃO DE PROFESSOR INTEGRADOR

Chegara o final do ano letivo de 2001. Organizei uma reunião com o diretor de Departamento e com os professores especializados para definirmos ações para o ano de 2002.

O diretor de Departamento iniciou a reunião, anunciando que soubera das consultorias das professoras Bete Sá e Maria Teresa Mantoan e dos novos referenciais que elas haviam trazido para a educação. Disse que pouco tinha conversado comigo para se inteirar do assunto, mas que precisava saber mais sobre o referencial da inclusão. Ao mesmo tempo, informou aos professores que a proposta de serviços de Educação Especial apresentada ao colegiado (aquela que já não fazia sentido) havia sido aprovada na íntegra. Como dizer-lhe que a proposta que foi aprovada não serviria mais? Em sua exposição, declarou que precisaríamos discutir algumas ações e que outras seriam implementadas progressivamente no decorrer da gestão.

Foi a oportunidade que tive de confirmar que muitas questões precisariam ser discutidas mesmo, pois as consultorias fizeram-nos repensá-las.

Iniciando a história

Disse-lhe que, embora já tivesse conversado com ele, não houvera tempo para repassar tudo o que havia sido discutido nas consultorias, mas adiantava-lhe que a manutenção dos serviços de professor integrador já não era possível diante dos ideais da inclusão. Pouco nos valeriam os estudos sobre inclusão se a figura do integrador permanecesse como profissional responsável pela preparação dos alunos com deficiência no ensino regular.

Foram necessárias algumas discussões até decidirmos pela extinção da atividade de professor itinerante – o integrador-polo. Outro problema, contudo, surgia: o que fazer com tais professores? Que funções passariam a ocupar?

Não estávamos certos do que fazer com a situação, mas precisávamos lançar alguma proposta. Então, os professores itinerantes passaram a desenvolver a função de professores de salas de recursos. Foi a primeira ação para o ano de 2002; visava ao atendimento à deficiência auditiva e à deficiência visual e tinha o objetivo de prover, em tais salas, atendimento especializado, como ensino do Sistema Braille, do *sorobá*, da Libras, entre outros, bem como adequar materiais, como cadernos com pautas ampliadas para os alunos com baixa visão. Prover a acessibilidade dos alunos com deficiência às salas de aula comuns passou a ser, então, função desses profissionais.

Na sequência da reunião, o diretor de Departamento anunciou a segunda ação para o ano de 2002: a formação continuada sobre inclusão para os níveis de ensino com as professoras Bete e Maria Teresa.

– Ótima ideia, os professores precisam ouvir essas consultoras para entenderem que inclusão não se resume à Educação Especial. – disse a professora Márcia.

– Mas não podemos esquecer que ainda somos "a bola da vez"! Somos nós que sabemos trabalhar com os alunos! – exclamou a professora Mara.

Esse apego aos alunos com deficiência era muito grande, e isso dificultou inúmeras vezes a busca por alternativas inovadoras.

Também a preocupação com os alunos com outras deficiências foi lembrada pela professora Alessandra:

– Como ficarão as propostas para os alunos com deficiência mental, deficiência física, condutas típicas que não estão contempladas nas ações de 2002?

Iniciando a história

O diretor do Departamento esclareceu que alguns passos haviam sido dados, mas que tais necessidades seriam objeto de mais reflexões e estudos para, então, serem definidas novas ações. Sobre deficiência mental, por exemplo, nem sequer haviam sido discutidos os convênios com as instituições especializadas e com as escolas especiais.

Tínhamos, portanto, as primeiras definições, mas isso não era suficiente para redimensionar as modalidades regular e especial. Como não é possível resolver tudo de uma única vez, foi preciso que implementássemos as propostas conforme ganhávamos lucidez nas ações.

E assim terminou o ano letivo de 2001. A história, porém, não termina aqui. Ainda há muito por acontecer.

NO MEIO DA HISTÓRIA

O ATENDIMENTO EDUCACIONAL ESPECIALIZADO

A história continua! Muitas personagens mantiveram-se, alguns saíram dela e outros entraram nela. O cenário, aos poucos, ia adaptando-se às novas cenas, aos novos fatos. Os professores especializados, conforme definição do ano anterior, iniciaram o ano de 2002 atuando como professores de salas de recursos. Foram nove as salas-polo distribuídas pela rede de ensino.

A passagem da função de integrador-polo para a de professor de sala de recursos não foi tranquila, em razão da falta de conhecimento especializado dos professores integradores no atendimento a alunos com baixa visão, cegos e surdos.

Preocupei-me intensamente com esses serviços. Fora um investimento muito sério: definirmos dois professores especializados para cada sala, as quais – ainda vazias – foram, aos poucos, equipadas a partir de projetos orçamentários (nove unidades escolares haviam cedido uma sala no interior da escola para o desenvolvimento dos serviços de Educação Especial).

Não obstante essa preocupação, estava segura de que aquelas salas ofereceriam muitos recursos para os alunos com deficiência. Elas eram um grande desafio para a implementação do atendimento educacional especializado, tema que fui entendendo com o tempo.

Como coordenadora, não deixei de ter contato com as professoras Bete Sá e Maria Teresa

> Não podemos negar que alguns alunos, principalmente aqueles que têm certos tipos de deficiência, precisam de cuidado especial para que possam ter pleno acesso à educação. No entanto, tal não pode significar seu confinamento em uma sala/escola, longe dos demais. Ao contrário, deve-se oferecer subsídios para que os alunos com deficiência possam aprender conteúdos específicos concomitantemente ao ensino comum.
> (FÁVERO, 2004, p. 30).

No meio da história

> Esse atendimento é complementar e necessariamente diferente do ensino escolar e destina-se a atender às especificidades dos alunos com deficiência, abrangendo principalmente instrumentos necessários à eliminação das barreiras que as pessoas com deficiência têm para relacionar-se com o ambiente externo [...] (MANTOAN, 2004, p. 42).

Mantoan, as quais gentilmente sempre me atenderam. A professora Maria Teresa, inclusive, ajudou-me a entender as questões legais, como a Constituição Brasileira de 1988, a Lei de Diretrizes e Bases do Ensino Nacional (LDBEN) e a Convenção da Guatemala, questões que me fizeram perceber que a Educação Especial tinha um papel fundamental no processo de inclusão escolar dos alunos com deficiência, desde que fosse entendida como atendimento educacional especializado.

Ficara bem evidente, para todos nós, que a proposta inclusiva reconhecia o direito incondicional à escolarização – no ensino regular – de todos os alunos. Não existem, nessa proposta, dois sistemas paralelos: o regular e o especial. Todos devem ser escolarizados nas salas comuns do ensino regular; todavia, não é por isso que deixamos de garantir o atendimento educacional especializado que provê os instrumentos de acessibilidade ao aprendizado dos alunos com deficiência.

Isso me fez pensar que as salas de recursos e o CAP seriam formas de atendimento educacional especializado. Existiam, contudo, dúvidas sobre o trabalho de tais salas. Organizei, então, com os professores especializados, várias reuniões para discutir o que o ambiente deveria oferecer ao aluno. Ainda assim, preocupavam-me essas salas, pois estavam, inicialmente, restritas ao atendimento de alunos surdos, cegos e com baixa visão.

Salas para atender a deficiência mental, todavia, não eram a proposta, visto que não queríamos que esse serviço se transformasse em reforço escolar. Ainda não havia ficado claro, para nós, esse tipo de atendimento educacional especializado.

> O conhecimento da deficiência mental precisa ser clarificado, dada a facilidade de se confundirem os problemas de ensino e de aprendizagem causados por essa deficiência com o que é barreira para o aproveitamento escolar de todo e qualquer aluno. (BATISTA & MANTOAN, 2005, p. 9).

As atas das reuniões dos professores especializados denunciam isso:

– Como fica o atendimento para o aluno com deficiência mental? – questionou a professora Alessandra. – Sou formada nessa área e considero que posso ajudar a escola.

No meio da história

— Esses alunos constituem uma preocupação para a escola. E ela não sabe o que fazer com eles – continuou a professora Juçara.

Observei, naquele instante, que os professores não reagiram bem quanto à questão da deficiência mental; sentiam-se responsáveis por eles. Alguns deles se declaravam especialistas em deficiência mental e, por isso, não se sentiam preparados para trabalhar com surdos e/ou cegos. Mesmo no período do serviço de professor integrador, as escolas da rede alegavam a mesma situação de preocupação. As escolas também reclamavam sobre a dificuldade de aprendizagem desses alunos.

> A deficiência mental constitui um impasse para o ensino na escola comum e para a definição de atendimento educacional especializado, pela complexidade do seu conceito e pela grande quantidade e variedades de abordagens do mesmo. (BATISTA & MANTOAN, 2005, p. 10).

Todas essas questões me levavam a perguntar: seria a deficiência mental um caso a ser resolvido somente com a transformação das práticas de salas de aula, ou haveria algum tipo de atendimento educacional especializado para esses alunos? E se os professores de sala de aula comum entendessem melhor a maneira como o aluno com deficiência mental aprende? E qual seria o papel das escolas especiais e instituições especializadas, diante dos alunos com essa deficiência? Elas contribuiriam com o quê?

Retomo os questionamentos dos professores especializados quanto ao trabalho na sala de recursos:

— Como não ter uma prática compensatória nas salas de recursos? Como lidar com o novo conhecimento? – questionou a professora Juçara.

— A inclusão não combina com práticas compensatórias, mas com práticas transformadoras – disse a professora Sônia.

— Pois, então, como vamos trabalhar na sala de recursos sem ter uma prática compensatória? – insistiu a professora Juçara.

— Uma coisa ficou clara, não podemos ser os únicos responsáveis pela inclusão, temos um papel a desempenhar, mas em parceria com os professores do ensino regular – completou Eliete.

Relembrei aos professores que as unidades escolares estariam em formação continuada a despeito da inclusão escolar. Para essa prática, já estava acertada a vinda da professora Bete Sá; contudo, cabia a nós realizar estudos sobre o atendimento educacional especializado. Havia muito a ser feito. Disse aos professores que, para a rede de ensino aprimorar suas práticas, era preciso fazer uma profunda revisão das modalidades regular e especial.

> [...] E a Educação tem um papel a desempenhar. Ela tanto pode ser serva do modelo que aí está, realimentando-o acriticamente, como pode ser uma reflexão crítica a este modelo, buscando alternativas em cima de uma prática social concreta. [...]. (GARCIA, 2001, p. 63).

Eles, entretanto, continuaram com os questionamentos. Foi um ano em que, com exceção de duas professoras, todos estavam ocupando uma função que nunca haviam desempenhado; por isso, eram compreensíveis a insegurança e as dúvidas.

A professora Alessandra continuou a discussão:

– Acho que temos de desenvolver estudos para aprimorar o que vem a ser o atendimento educacional especializado em sala de recursos. Conhecemos o velho modelo, mas esse, já sabemos, não queremos. O ensino regular terá a discussão acerca da inclusão escolar, e por isso devemos acelerar nossos estudos para acompanhar as mudanças.

– Já temos a discussão que nos instigou a mudar os rumos da educação especial da rede; só depende de nós iniciarmos agora um novo trabalho. A sala de recursos está carregada da concepção de integração e, para isso, precisamos desenhar uma outra proposta para ela – disse Eliete.

O objetivo dessas salas não se resumia a proporcionar à escola todas as soluções para as dificuldades de aprendizagem, como antes, tampouco continuar no modelo clínico-terapêutico ou do reforço escolar que não "dá conta" dos alunos.

O que, de fato, a sala de recursos deveria desenvolver para que os alunos com deficiência tivessem acesso à escolarização?

O ensino do Sistema Braille, por exemplo, foi definido como uma função a ser desempenhada pelos professores da sala de recursos. Trata-se de um acesso à aprendizagem que deve ser ensinado aos alunos cegos pelos professores especializados. Na sala de aula comum, esse aluno deve ter tal instrumento de acessibilidade. Para nós estava claro que o professor de sala de aula comum não era o responsável por esse conhecimento especializado, mas só pela educação escolar; e os professores especializados devem garantir meios de acesso a essa educação.

No meio da história

As reuniões com os professores especializados continuaram semana após semana. Em uma determinada reunião resolvi, então, iniciar um planejamento estratégico para que os professores colocassem suas dificuldades e, em seguida, as ações que pudessem superá-las. Foi ali que percebi, pela pergunta da professora Amanda, que os professores permaneciam com a principal dificuldade em relação a esse trabalho:

– Acredito que ainda persiste a falta de clareza da função do professor de sala de recursos. Mesmo já tendo decidido algumas ações que devem ser desempenhadas por nós, que outras ações a sala de recurso poderia desenvolver?

De fato, mesmo com algumas questões esclarecidas, como o ensino do Sistema Braille, isso não era suficiente para responder a todas as necessidades de conhecimento dos professores. Na verdade, o ensino do Sistema Braille já era desenvolvido pela sala de recursos, ou melhor, por uma única sala que atendia a toda a rede. Com a nova proposta, agora nove salas desenvolviam o ensino do Sistema Braille, entendido como atendimento especializado.

Seguiram mais dificuldades apontadas no planejamento estratégico: o desconhecimento da demanda, ou seja, a necessidade de uma caracterização, o número de alunos com deficiência incluídos na rede e a falta de divulgação dos serviços das salas de recursos e CAP. A professora Bianca ponderou o seguinte:

– Considero que muitos alunos com deficiência estão fora da escola, por inúmeras razões. Uma delas consiste na falta de serviço especializado; por isso, temos de acelerar a divulgação desses serviços.

Para esclarecer a primeira dificuldade, sobre a função do professor da sala de recursos, contamos com a consultoria da professora Maria Elisabete Tomasini. Outra ação discutida relacionou-se à formação especializada continuada, já que os professores não tinham o saber especializado para atuar no atendimento aos alunos com deficiência visual e auditiva. A última ação, em grupo, aprofundou temas sobre a escola inclusiva. Um dos

> Os professores que atuam no atendimento educacional especializado, além da formação básica em Pedagogia, devem ter uma formação específica para atuar com a deficiência a que se propõe atender. (BATISTA & MANTOAN, 2005, p. 09).

No meio da história

eixos fundamentais para aprimorar o atendimento educacional especializado foi a formação especializada.

Sobre a divulgação dos serviços, ressalto que várias reuniões de diretores foram feitas com a finalidade de esclarecer as novas ações da educação especial. Percebi, no entanto, que essas informações não chegavam aos professores da escola. Assim, os professores especializados divulgaram os serviços nas escolas de seu polo por meio de reuniões pedagógicas, reuniões de pais, paradas pedagógicas. Alguns professores chegaram até a divulgar os serviços em farmácias, bares e padarias do bairro, para que a comunidade fosse informada. Muitos professores fizeram contato com os agentes de saúde de seu bairro para não deixar nenhuma criança com deficiência fora da escola. Redigiram cartas e ofícios à comunidade e confeccionaram *folders* de divulgação. Os registros dessa ação estão nos relatórios de atividades dos professores, elaborados pelas professoras Catarina e Renata:

– Para a primeira reunião de pais foi elaborado um panfleto para a divulgação dos serviços de sala de recursos.

– Como tentativa para criar redes de informação nas comunidades, busquei a participação de professores e pais para divulgar os serviços da sala de recursos e esclarecer a extinção dos serviços de professor integrador. De igual importância para o levantamento da demanda foram os contatos com estabelecimentos comerciais próximos às unidades escolares – relatou a professora Amanda.

Os professores especializados ainda continuaram divulgando seus serviços para os postos de saúde, as associações, os conselhos regionais, entre outros, anunciando que a escola estava aberta e que possuía serviços para apoiar os alunos com deficiência. Conseguimos aumentar a demanda significativamente no período de 2001 a 2004. Reconheci o esforço e o interesse dos professores em trazer os alunos com deficiência para frequentar a escola regular.

Outro dado que considero relevante ocorreu em 2004. Nesse ano, as escolas especiais encaminharam os alunos com deficiência mental e autistas, na faixa de sete a 14 anos, para o ensino regular, cumprindo a obrigatoriedade de Ensino Fundamental previsto na Constituição. Ora, se todas as crianças nessa faixa etária têm a obrigação de frequentar o Ensino Fundamental, incluem-se nesse grupo, também, as crianças com deficiência.

No meio da história

A rede de ensino não teve problemas quanto à chegada do aluno com deficiência à escola, ou seja, a matrícula não lhe era negada, fato esse que atribuo às discussões realizadas sobre inclusão escolar com os professores do ensino regular.

A professora Maria Elisabete confirmou essa análise em algumas de suas consultorias. Numa delas, afirmou:

— O discurso da educação inclusiva deve circular nas escolas para pessoas que nada têm que ver com a Educação Especial. Pois, então, a educação inclusiva começará a ter outra conotação. As escolas precisam discutir sobre escola inclusiva para que reflitam sobre a forma como estão avaliando as crianças, como está sendo feito o currículo, entre outros aspectos que compõem o universo escolar. A escola não pode fugir de seu compromisso, transferindo para outras instâncias o que é de sua responsabilidade.

Nessa ocasião, a professora Márcia, despertada por uma curiosidade, questionou:

— Professora Bete, por que o ensino regular está tão separado do ensino especial?

— A história nos explica — respondeu ela. Isso ocorreu em razão de um longo tempo de segregação, de confinamentos das pessoas com deficiência. Faz pouco tempo que essas pessoas estão se mostrando e, sobretudo, somente agora estamos acreditando que elas podem aprender.

As consultorias e as reuniões seguiam, e os professores especializados já estavam atuando em suas salas de recursos. Eis que, um dia, surgiu a ideia de, a partir do segundo semestre de 2002, realizarmos estudos sobre as práticas escolares de tais salas, envolvendo discussões sobre os casos de alunos que já estavam em atendimento. Os

> A nossa Constituição elegeu como fundamentos da República a cidadania e a dignidade da pessoa humana (art. 1°., incisos II e III), e como um de seus objetivos fundamentais a promoção do bem de todos, sem preconceitos de origem, raça, sexo, cor, idade e quaisquer outras formas de discriminação (art. 3°., inciso IV). Garante ainda, expressamente, o direito à igualdade (art. 5°.), e trata, nos artigos 205 e seguintes, do direito de todos à educação. [...]. Além disso, elege, como um dos princípios para o ensino, a igualdade de condições de acesso e permanência na escola (art. 206, inciso I), acrescentando que o dever do Estado com a educação será efetivado mediante a garantia de acesso aos níveis mais elevados do ensino, da pesquisa e da criação artística, segundo a capacidade de cada um (art. 208, V).
> Conforme fica claro, a Constituição garante a todos o direito à educação e ao acesso à escola. Toda escola, assim reconhecida pelos órgãos oficiais como tal, deve entender todos os princípios constitucionais citados, não podendo excluir nenhuma criança em razão de sua origem, raça, sexo, cor, deficiência ou ausência dela. (FÁVERO, 2004, p. 76).

encontros foram realizados nas próprias salas de recursos. Foi, sem dúvida, uma excelente ideia! A experiência nos deu, posteriormente, subsídios para aprimorar o atendimento educacional especializado. A professora Sônia – que em 2002 já compunha a Coordenadoria de Educação Especial – foi quem coordenou os estudos de casos.

As atas de reuniões das práticas das salas de recursos apresentavam relatos muito interessantes, que também revelavam a participação dos professores da sala de aula e, algumas vezes, da equipe pedagógica da escola. Em uma das reuniões, relatou a professora Amanda:

– Não existe uma regra a seguir para o uso da reglete, da cela ou da máquina Braille. É um processo de ir e vir. Como professora especializada, conheço o Sistema Braille; no entanto, percebo que em nível cognitivo não existe diferença nenhuma entre receber a mensagem de uma criança cega ou de uma criança vidente. As vias de entrada é que mudam, mas o processo de alfabetização é o mesmo. Percebo que minha aluna cega está passando igualmente pelo processo de alfabetização. Ela sabe que seu nome inicia com a letra V, e agora está descobrindo que necessita de outras letras para compor seu nome.

– Temos muito que aprender sobre o atendimento educacional especializado. Cada criança que frequenta a sala de recurso é uma nova descoberta do que fazer para prover acessos a ela. Muitas coisas não conhecemos ainda – completou a professora Juçara.

Com base no atendimento a sua aluna cega, a professora Amanda afirmou:

– O envolvimento da família com o processo do Sistema Braille é fundamental, assim como é o da criança vidente com sua família no contato com o mundo das letras.

E acrescentou algumas necessidades importantes para quem tem aluno com essa deficiência:

– Estamos aguardando um encontro com os técnicos da Fundação Catarinense de Educação Especial e, provavelmente, minha aluna necessitará de lupa para auxiliar na correção de sua visão. Também necessito de um programa virtual específico para que ela possa realizar as atividades no computador. Preciso, ainda, de um quadro verde, pois o quadro branco que tenho na sala causa reflexo para a aluna que usa telescópio.

No meio da história

A professora Sônia, como coordenadora dos encontros e responsável por levar os pedidos de recursos dos professores para a Secretaria, encaminhou as solicitações.

Foram esses encontros e a formação especializada que indicaram alguns materiais e equipamentos para as salas de recursos, como lupas, máquina de escrever Braille e reglete em prancha com punção, entre outros.

Devo destacar que os professores de sala de aula comum ficaram motivados com o encontro e perceberam quanto a sala de recursos poderia ajudar os seus alunos com deficiência. A professora Conceição, da 1ª série do Ensino Fundamental, manifestou-se:

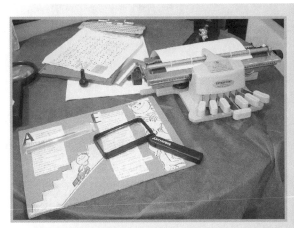

FIGURA 1 – Materiais pedagógicos e equipamentos especializados adquiridos para as salas de recursos

– Trarei as atividades que desenvolverei em sala de aula para que a sala de recursos providencie as adequações necessárias.

As reuniões seguiam, e novos depoimentos eram registrados, como o da orientadora educacional Beatriz:

– Os projetos de nossa escola têm por objetivo incluir todas as crianças, com deficiência ou não. As salas de recursos têm contribuído muito para que a inclusão se consolide, porque buscam recursos necessários para o aluno com deficiência. Também percebo o envolvimento dos outros alunos na sala de aula, o que é fundamental para desenvolver entre eles valores de ajuda, respeito, amizade. Os alunos são parceiros nessa caminhada.

– Aqui na escola os professores especializados se envolvem na discussão como um todo. Entendo que não podemos ficar limitados às salas de recursos, sem com isso deixar de desenvolver aquilo que nos cabe. O conhecimento especializado não é negado nunca – explicou a professora Juçara.

No meio da história

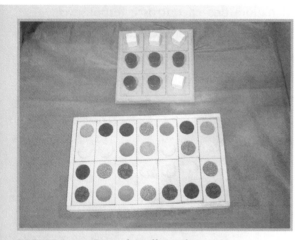

FIGURA 2 – Jogo da velha e dominó em texturas, utilizados com alunos cegos e com baixa visão

– O trabalho com alunos cegos, surdos e com baixa visão está caminhando, mesmo tendo que aprender muito sobre o atendimento especializado para eles. Ainda não vemos uma alternativa para os alunos com paralisia cerebral, deficiência mental, altas habilidades – afirmou a professora Dora.

– Os serviços de sala de recursos exigem muita confecção de material, não fica restrito somente ao atendimento – disse a professora Alessandra.

– O problema é que nos vemos como aprendizes de muito saber especializado, e as crianças estão aí, temos de dar conta de atendê-las. O que fazer? – prosseguiu a professora Dora.

– Acredito que o nome "sala de recursos" deve ser mudado, porque esse nome está imbuído da concepção integracionista. A prática dessas salas mudou; então, cabe também mudar seu nome – disse a professora Sônia.

Com esses relatos, compreendi que os serviços das salas de recursos não poderiam se restringir ao atendimento em si, mas envolviam a produção de materiais, as parcerias com outras áreas do conhecimento, entre tantas outras atividades que apareciam e que auxiliavam no acesso dos alunos com deficiência à escolarização.

A preocupação dos professores especializados em desenvolver um bom trabalho revelou o compromisso deles com a inclusão dos alunos com deficiência. Foi um período de transição. Com o crescente entendimento dos serviços da sala de recursos, as mudanças necessárias à consolidação da escola inclusiva e, principalmente, a consolidação da Educação Especial como um meio de complementar a sala de aula comum foram colocadas em prática.

No meio da história

Na tessitura da construção da nova proposta de atendimento educacional especializado, fragilizamo-nos e, ao mesmo tempo, fortalecemo-nos. Sentia-me uma vigilante permanente de nossas ações, tendo o cuidado para não cair em práticas excludentes. A persistência na transformação e na consequente melhoria do atendimento educacional especializado era motivada pelo compromisso de fazer que nossa dívida social com os alunos excluídos não viesse a ser ampliada.

Para além, para muito além dos discursos, meu desejo era que cada profissional da escola pudesse usufruir de mudanças significativas, que cada aluno pudesse se sentir beneficiado por uma política que o contemplasse em suas necessidades. O compromisso tornou-se grande, e as palavras do filósofo alemão Goethe, citadas no quadro, ajudaram-me a seguir em frente, mesmo quando tudo parecia por fazer.

Com base nos preceitos legais e nos fundamentos inclusivos, o atendimento educacional especializado da rede de ensino, aos poucos, ia se acostumando a nosso novo olhar. Foi difícil colocar em prática outras maneiras de pensar, de agir, de trabalhar.

> Antes do compromisso, há hesitação, a oportunidade de recuar; uma ineficácia permanente. Em todo ato de iniciativa (e de criação), há uma verdade elementar cujo desconhecimento destrói muitas ideias e planos esplêndidos. No momento em que nos comprometemos de fato, a Providência age. Ocorre toda espécie de coisas para nos ajudar; coisas que de outro modo não ocorreriam. Toda uma cadeia de eventos emana da decisão, fazendo vir em nosso favor todo tipo de encontros, de incidentes e de apoio material imprevistos, que ninguém poderia sonhar que surgiriam em seu caminho. Começa tudo o que possas fazer, ou que sonhas poder fazer: a ousadia traz em si o gênio, o poder e a magia. (GOETHE, apud MORAES, 2003, p. 6).

A Constituição Federal de 1988 retratou as conquistas relativas à educação das pessoas com deficiência, sendo uma aliada nessa reconstrução da escola. Ela não adjetivou a educação quando garantiu a todos esse direito. Portanto, as escolas brasileiras já deveriam estar atendendo a nossos princípios constitucionais há muito tempo, não excluindo nenhum aluno de suas salas de aula de ensino regular.

Com o passar do tempo, porém, fui entendendo que compartilhar os mesmos espaços educacionais não significava deixar de oferecer aos alunos com deficiência os recursos de acessibilidade ao conhecimento e ambiente escolar de que necessitam para melhor atender às exigências da escola comum.

Nesse sentido, o atendimento educacional especializado não mantém o que antes era próprio do ensino especial, ou seja, poder substituir o ensino escolar comum. Se a Constituição de 1988 assegura a todos o direito à educação, isso quer dizer que não há mais espaço para escolas segregadas e excludentes nas redes de ensino. É preciso estar atento, no entanto, ao advérbio "preferencialmente" quando se trata do oferecimento do atendimento educacional especializado no texto da Constituição e no texto da LDBEN. Segundo nossa lei educacional, art. 58 e seguinte (1996, p. 36), esse atendimento pode ser oferecido "em escolas, classes e serviços especializados sempre que, em função das condições específicas dos alunos, não for possível a sua integração nas classes comuns do ensino regular". Na Constituição, ao contrário, é o serviço e não o aluno que pode estar nas escolas especiais, quando não for possível a escola comum oferecer esse serviço.

FIGURA 3 – Celas Braille para o ensino do Sistema Braille

O texto da LDBEN confunde o leitor e é incompatível com a Constituição quando prevê uma educação que não segrega nem discrimina. O texto da LDBEN apoia os que ainda defendem a inserção parcial de alunos com deficiência na escola comum, ou seja, a integração escolar. Essa incompatibilidade, embora grave, é resolvida, pois não podemos interpretar uma lei isoladamente; assim sendo, basta rever o art. 58 da LDBEN, à luz do art. 208 da Constituição, para que a contradição se dissolva.

O atendimento educacional especializado deve estar em todos os níveis de ensino e não substitui o ensino ministrado nas escolas comuns.

A Constituição garante, portanto, a participação dos alunos com deficiência nas classes comuns como um direito indisponível, inserindo-os nos processos de escolarização. Ao ensino especial cabe a responsabilidade de prover meios de acesso, permanência e continuidade da escolaridade desses alunos pela oferta do atendimento educacional especializado.

Em maio de 1999, realizou-se, na Guatemala, a Convenção Interamericana para a Eliminação de todas as Formas de Discriminação contra as Pessoas Portadoras de Deficiência, da qual o Brasil é signatário. Como a promulgação da LDBEN/96 é anterior a essa Convenção, ela tem o poder de revogar todas as formulações contrárias a ela encontradas em nossa lei educacional.

O Decreto n. 3956, de 8 de outubro de 2001, da Presidência da República, inseriu o proposto pela Convenção em nossas leis. Por essa Convenção, é considerada discriminação a diferenciação pela deficiência, conforme prescrito no art. I, n. 2. A Convenção é mais um dispositivo legal que reforça os princípios da inclusão escolar, reafirmando o direito inquestionável de todos os alunos aos ambientes escolares de ensino regular.

Ademais, a Convenção também esclarece que a diferenciação pela deficiência não constitui discriminação quando promove o desenvolvimento da pessoa. Assim, aos alunos com deficiência

> O termo "discriminação contra as pessoas portadoras de deficiência" significa toda diferenciação, exclusão ou restrição baseada em deficiência, antecedente de deficiência, consequência de deficiência anterior ou percepção de deficiência presente ou passada, que tenha o efeito ou propósito de impedir ou anular o reconhecimento, gozo ou exercício por parte das pessoas portadoras de deficiência de seus direitos humanos e suas liberdades fundamentais. (GUATEMALA, art. I, n.2, "a").

são permitidas diferenciações desde que seja para incluí-los e beneficiá-los, nunca para impedir-lhes os direitos garantidos na Constituição, principalmente o direito à escolarização em espaços comuns.

O atendimento educacional especializado é tido como uma diferenciação que beneficia os alunos com deficiência em sua escolarização no ensino regular, mas o aluno, contudo, não é obrigado a aceitá-lo, daí a educação comum não poder encaminhá-lo diretamente a esse atendimento

No meio da história

> Não constitui discriminação a diferenciação ou preferência adotada para promover a integração social ou o desenvolvimento pessoal dos portadores de deficiência, desde que a diferenciação ou preferência não limite em si mesma o direito à igualdade dessas pessoas e que elas não sejam obrigadas a aceitar tal diferenciação ou preferência. (GUATEMALA, art. I, n.2, "b").

sem sua anuência ou a de seus pais/responsáveis, sob pena de incorrer em ato de discriminação.

Com base em aspectos jurídicos referentes à educação, tive, pois, elementos suficientes para entender o papel da educação especial hoje, no contexto do ensino básico, e também para exigir que a rede regular de ensino de Florianópolis se tornasse inclusiva.

As salas de recursos, de fato, não puderam mais permanecer com essa nomenclatura, imbuída da concepção de integração. Para acompanhar, então, seu redimensionamento em direção à perspectiva inclusiva, passaram a ser denominadas "salas multimeios", ou seja, aquelas que buscam meios para complementar a sala de aula.

A FORMAÇÃO CONTINUADA DOS PROFESSORES – CONHECIMENTO ESPECIALIZADO

Os professores especializados têm de garantir o atendimento educacional especializado. Para isso, deveriam qualificar-se, já que, como professores integradores-polo, não possuíam formação para atender alunos cegos, surdos e com baixa visão. Assim, organizamos a formação continuada; precisávamos dar subsídios aos professores para tal atendimento. Não era mais uma formação com base em conhecimentos clínicos sobre a deficiência, mas uma formação que visava ao conhecimento especializado sob o enfoque educacional.

> Os professores que atuam no atendimento educacional especializado, além da formação básica em Pedagogia, devem ter uma formação específica para atuar com a deficiência a que se propõe a atender. Assim como o atendimento educacional especializado, os professores não substituem as funções dos professores responsáveis pela sala de aula das escolas comuns que têm alunos com deficiência incluídos. (BATISTA & MANTOAN, 2005, p. 9).

Em 2001, já havia sido iniciada a formação continuada do Sistema Braille, do *sorobá* e de Libras, aquela em parceria com a Associação de Cegos e esta com a Universidade. O aprendizado do Sistema Braille tornou-se mais eficiente para os professores quando eles passaram a atender aos alunos cegos. O aprendizado de Libras, por ser mais complicado, exigira mais tempo e, da mesma forma, exigiu o contato constante com o aluno surdo para efetivar-se de fato. Tais formações iniciais ajudaram-me muito, posteriormente, nos serviços das salas multimeios.

Com as nove salas multimeios já instaladas em 2002, os professores iniciaram a formação continuada nas áreas auditiva e visual. Ministraram os cursos às professoras que há anos atuavam nas salas de recursos para essas deficiências. Chegara a vez de essas professoras repassarem o conhecimento especializado acumulado para os demais professores.

Os relatórios de atividades desses professores apontavam a satisfação que tiveram nessa formação. Há relatos que confirmam que os estudos nas áreas auditiva e visual foram de excelente qualidade, pois geraram uma discussão bastante atualizada com profissionais do próprio grupo.

– Trabalhar com as pessoas surdas ou com deficiência auditiva foi um desafio para mim, afinal eu nunca tinha trabalhado diretamente com elas, tendo que ensinar-lhes a Libras. Os cursos, porém, que aconteceram no início do ano, tanto na área visual como na auditiva, foram de fundamental importância – relatou a professora Francisca.

Da mesma forma, no entanto, há relatos apontando que poderíamos ter discutido mais a atuação do profissional na sala de recursos, bem como o aproveitamento do aluno que a frequenta, mas os estudos foram delineando um outro tipo de oferta de serviço e, com a vinda de alguns consultores, isso se evidenciou ainda mais.

Com a formação continuada em conhecimentos especializados, então, os professores sentiam-se mais seguros para atuar nas salas de recursos. Devo considerar que a formação apresentava melhor resultado quando os professores podiam discutir os casos de alunos com deficiência que chegavam, aos poucos, às salas multimeios.

Conforme acontecia a formação, outras necessidades de estudos iam sendo apontadas e,

> Os limites e as deficiências dos saberes locais não justificam a recusa *in* limite destes, porque isso significa o desarme argumentativo e social de quantos são competentes neles. Se o objetivo é ampliar o espaço de comunicação e distribuir mais equitativamente as competências argumentativas, os limites e as deficiências de cada um dos saberes locais superam-se, transformando esses saberes por dentro, interpenetrando-os com os sentidos produzidos em outros saberes locais. (SANTOS, 1989, p. 159).

consequentemente, outros consultores sendo lembrados. Em um desses momentos surgiu a ideia de convidar a professora Valdete Porfírio, da Associação Santa Catarina de Reabilitação (ASCR), que desenvolvia um excelente trabalho com as pessoas de baixa visão, para participar de projetos com os professores. O curso indicou-nos a forma de trabalhar com a estimulação e a eficiência visual, bem como as adequações de materiais didático-pedagógicos para uso dos alunos de baixa visão na sala de aula comum e o ensino de uso dos recursos visuais, como lupas e telescópios.

A formação com essa professora aconteceu em 2002 e 2003. Nesse período, os professores já estavam atuando com alunos de baixa visão; então, ficou mais fácil levar exemplos de casos para a consultora.

As atas referentes aos cursos de formação revelam as trocas que os professores especializados fizeram com a professora Valdete:

– Minha aluna não enxerga detalhes em gravuras. Com o recurso óptico, ela faz uso da identificação desses detalhes. Temos uma parceria com a Fundação Catarinense de Educação Especial (FCEE). Eles é que avaliam a eficiência visual da criança e indicam os recursos ópticos a serem utilizados, mas o que observo da aluna não confere com a indicação do setor de reabilitação da FCEE – disse a professora Amanda.

– Percebam as experiências com o recurso óptico na sala multimeios e, já que os professores especializados dessas salas não podem indicar a troca de recurso, encaminhem relatório para a FCEE, comunicando o desempenho do aluno – sugeriu a professora Valdete.

– O que é da competência da reabilitação visual e o que é dos serviços de sala multimeios? – perguntou a professora Lígia.

Penso que foi uma ótima pergunta para diferenciar o saber clínico do saber especializado. Continuou a professora Valdete:

– Toda a formação que a Organização Nacional dos Cegos da Espanha (Once) promoveu aos profissionais da FCEE supõe a presença de profissionais como optometrista, reabilitadores, serviço social. O serviço é organizado de forma que o sujeito seja avaliado, o recurso seja prescrito e confeccionado e o treinamento de seu uso seja realizado. No Brasil foi necessária uma adaptação desse serviço, pois não existe o profissional autorizado, o optometrista. O trabalho de reabilitação visual, portanto, não é simples, e exige uma boa estrutura.

No meio da história

Trazendo exemplos práticos para esclarecer o atendimento educacional especializado ao aluno com baixa visão, os professores continuavam com os questionamentos:

– Que atividades devo desenvolver com os alunos, principalmente em relação à estimulação visual? – perguntou a professora Amanda.

– Existe o material de estimulação visual de Natalie Barraga. É um material detalhado, mas necessita de um curso para que não seja utilizado de forma inadequada. A Fundação Dorina Nowill, em São Paulo, está autorizada a repassar esse material no Brasil. A FCEE, todavia, recebeu-o da Once há onze anos e ficou com a responsabilidade de adaptá-lo e repassá-lo para as salas de recursos, mas parece que isso não foi feito. Vocês podem fazer contato com a FCEE para perguntar sobre esse material – explicou a professora Valdete.

> Esta nova função da Educação Especial muda muita coisa, principalmente, a formação dos professores especializados, que precisa ser urgentemente revista e adequada ao que esse profissional deve conhecer para desenvolver práticas educacionais próprias do atendimento educacional especializado. (BATISTA & MANTOAN, 2005, p. 26).

Muitas discussões foram feitas na formação com a professora Valdete, e os professores foram em busca do material indicado. Não se limitaram às salas, e procuraram as instituições para esclarecimentos. Constatei, então, que é fundamental a interlocução com os profissionais da área da saúde.

Os relatórios de atividades demonstram quanto os professores aprenderam nessa formação e quanto interagiram com seus alunos. Os professores apresentavam dados necessários para solicitar recursos, pois já sabiam a que profissionais e instituições recorrer e conheciam as necessidades de seus alunos.

– Para o aluno com catarata infantil – severa no olho direito e moderada no olho esquerdo –, as atividades em sala de recursos contemplaram a estimulação das funções ópticas (enfoque, segmentação, reconhecimento visual, fixação e acomodação), com o objetivo de contribuir para o

> O que está em questão no ensino inclusivo não é se os alunos devem ou não receber, de pessoal especializado e de pedagogos qualificados, experiências educacionais apropriadas e ferramentas e técnicas especializadas das quais necessitam. A questão está em oferecer a esses alunos os serviços de que necessitam, mas em ambientes integrados, e em proporcionar aos professores atualização de suas habilidades. (STAINBACK & STAINBACK, 1999, p. 25).

No meio da história

controle dos movimentos oculares e desenvolvimento de memória visual – relatou a professora Amanda.

– A aluna que possui atrofia óptica bilateral está fazendo uso do recurso óptico denominado telescópio monocular 2,75 x 8 (para a leitura no quadro-negro), da régua de leitura 2x, da barra de leitura 2x (lupa) e também de recursos não ópticos, como iluminação sobre o papel que irá ler, caderno comum, lápis com grafite mais escuro ou caneta comum azul ou preta – disse a professora Dora.

– Todo material usado em sala de aula, para o aluno, foi ampliado em tamanho 72, caixa alta – informou a professora Bianca.

– Para que haja uma melhor compreensão do aluno, é necessário maior acesso às avaliações do oftalmologista, que possibilitam ao professor de sala de recursos um planejamento para seu aluno – constatou a professora Carmem.

– Recebi a avaliação funcional e oftalmológica da FCEE e depois realizei estimulação visual e preparo de materiais conforme a prescrição do aluno – descreveu a professora Rute.

No caso abaixo, relatado pela professora Bianca, a instituição especializada confunde o que é de sua competência e o que é da escola:

– Com relação à avaliação do aluno F., a FCEE relata que ele tem dificuldades na apropriação do conhecimento acadêmico; todavia, a escola afirma que não. Ora, se o ensino regular trabalha esse conhecimento, é ele que tem competência para avaliar se o aluno apresenta ou não dificuldades em sua apropriação.

O relato da professora Bianca definiu bem o que é de competência do professor da sala de aula comum quanto ao saber escolar e o que é de competência do professor da sala de recursos quanto ao saber especializado, estando eles em constante interação.

Os professores especializados estavam familiarizados com os termos das doenças oculares, com os recursos utilizados, com as instituições que

> Formam-se, assim, em nossas carreiras pedagógicas, profissionais que devem saber a todo momento a "solução a ser aplicada", a "resposta a ser dada" que corte pela raiz toda a pergunta. Munidos e munidas com todo tipo de técnicas de diagnóstico e tratamento, e com certeza de que cada uma pode responder ao caso que ante si se apresente, não se costuma formular agora aquelas perguntas iniciais que eu considerei como fundamentais: Quem sou eu? O que produz em mim a presença do outro? Que pergunta há em seus olhos, em seu gesto, em seu grito ou em seu silêncio? O que diz a mim sua presença? (FERRE, 2001, p. 204).

No meio da história

faziam avaliação, e sabiam que deveriam cada vez mais aperfeiçoar o conhecimento na área de estimulação e eficiência visual, ensinar os recursos ópticos e fazer a adequação de materiais pedagógicos e, sobretudo, defender o saber escolar como competência do ensino regular.

A descrição das práticas desses professores continuaram (os relatórios de atividades comprovam):

> A formação especializada incluirá também, além da execução, o planejamento, a seleção de atividades e a avaliação do aproveitamento dos alunos, que é básica para que os planos de atendimento educacional especializado sejam constantemente revistos, melhorados e ajustados ao que os grupos ou ao que cada aluno necessita. (BATISTA & MANTOAN, 2005, p. 27).

– Trabalhei com a fixação das contas superiores e com a colocação dos números no lado esquerdo do *sorobá* e revisamos os problemas, envolvendo adição simples e introduzindo a adição com reserva, a subtração simples e com reserva e a multiplicação por um número – disse a professora Bianca.

– As áreas de Orientação e Mobilidade (OM) e Atividades da Vida Diária (AVD) não foram trabalhadas este ano, visto que já foram vistas nos anos anteriores. Trabalhei com o aluno a simbologia matemática e o *sorobá* – relatou a professora Rute.

– O aluno B., da 5ª. série, recebeu da sala multimeios os textos das aulas adequados para o tipo de letra prescrito e o espaçamento entre as linhas – acrescentou a professora Catarina.

O processo vivido pelos professores especializados na formação continuada me fez analisar posturas e reconhecer que não tínhamos todo o conhecimento para romper o paradigma tradicional e excludente da educação especial. Foi um recomeçar de fato! Necessitei rever constantemente nossa formação e – sobretudo – não me deixei abalar por uma identidade de professores especializados há muito tempo cristalizada em nossas mentes. Não éramos tão *experts* quanto pensávamos!

A formação do Sistema Braille e em Libras foi realizada todos os anos. O Sistema Braille passou a ser organizado e ministrado pelos próprios professores do CAP, que agora já tinham domínio do sistema e podiam oferecer esta formação. Alguns professores de sala multimeios organizavam cursos na própria escola, a pedido desse público. E a formação em Libras passou a ser organizada nos polos referentes às salas multimeios, com cursos ministrados por instrutores surdos, contratados por terem fluência

No meio da história

FIGURA 4 – Formação continuada dos professores no Sistema Braille

nessa língua. Em muitos casos, entretanto, houve problemas com a didática, pois os instrutores não eram professores. Interessante que os maiores interessados nesse aprendizado eram os alunos ouvintes.

Os cursos de Libras aos poucos saíram do módulo introdutório e avançaram para o módulo II. Devo considerar que há muitas dificuldades em relação ao aprendizado de Libras, porque é um conhecimento que se adquire lentamente, principalmente pelos professores.

O depoimento da professora Alessandra revela os avanços da formação em Libras nas escolas:

– No segundo semestre, quando a instrutora surda Sandra iniciou a formação em Libras para as crianças, meu aluno Vitor começou a conversar mais em Libras e a participar mais de algumas atividades. O trabalho que a instrutora realizou com histórias infantis em Libras, com a utilização de vídeo e a montagem de dramatização, jogos e brincadeiras mais complexas, exigindo a atenção e a concentração dos alunos, enriqueceu e amadureceu o processo de ensino–aprendizagem. Eles conseguiram compreender que o Vitor necessita dessa língua para se comunicar com eles.

Como tudo não ocorre de forma linear e tranquila, contei com a rotatividade dos professores especializados, pois um bom número deles não era professor efetivo da rede. Foi um tempo muito difícil e cansativo, pois o ano todo necessitei retomar as discussões sobre o atendimento educacional especializado com os novos professores. A formação no Sistema Braille teve de ser reorganizada para os novos. O esforço, porém, foi produtivo, pois cada vez mais a rede municipal de ensino habilitava professores no Sistema Braille e em Libras, entre tantas outras formações que realizamos na época. Esses professores substitutos, quando não retornavam à rede no ano seguinte, atuavam em outras redes de ensino e multiplicavam, expandiam o conhecimento especializado obtido em outras escolas. Era, entretanto, preocupante a troca e a saída de professores substitutos.

Essa situação melhorou quando, em 2001 e 2003, a Prefeitura realizou concurso para efetivar os professores especializados. No concurso de 2001, quatro professores foram chamados. Dos quatro professores efetivos, somente dois permanecem na rede de ensino. Em 2003, mais quatro professores foram efetivados e, mais tarde, outros dois foram chamados. Todos continuam na rede até hoje.

À medida que o tempo passava e que os professores desenvolviam suas atividades nas salas multimeios, outras necessidades de formação apareciam. A Associação Brasileira de Deficiência Visual e o Ministério de Educação empenharam-se, contudo, para que os professores do CAP recebessem a devida formação. Dois professores, então, receberam formação promovida pela parceria dessas duas instituições. A Prefeitura também deu sua contrapartida, disponibilizando recursos financeiros para o pagamento de consultores. Assim, o CAP recebeu formação no Braille Fácil, adaptação em tinta – um recurso utilizado para o aluno com baixa visão – e adaptação em relevo, entre outras formações necessárias à produção de material em Braille e de materiais didático-pedagógicos para alunos cegos e com baixa visão.

A formação para os professores especializados não se esgotava. Cada estudo desenvolvido com base nas práticas desses professores de sala multimeios apontava a necessidade de outros tipos de formação, como Língua Portuguesa para surdos, Tecnologia Assistiva e suas modalidades como a Comunicação Aumentativa e Alternativa e a informática acessível. E isso envolvia uma série de encaminhamentos, como a escolha dos consultores e o contato com eles, os recursos financeiros, o local e o material didático, entre tantos outros detalhes necessários para a viabilização dos cursos. Não era, no entanto, um esforço em vão: os serviços especializados ganhavam forma e organização. Observava nos professores, com satisfação, o grande interesse que tiveram de cada vez mais aprimorar seu conhecimento.

A formação em Língua Portuguesa para surdos teve por finalidade habilitar os professores especializados para o ensino dessa área. As professoras Mara e Idavânia ministraram a formação intitulada "Texto, língua e linguagem no

No meio da história

ensino de português para o surdo". Uma introdução a esse aprendizado foi seguida de uma segunda etapa de aprofundamento, ministrada pelo professor Rodrigo, um professor surdo que nos indicou muitos elementos para entender o processo de aprendizagem da Língua Portuguesa pelo aluno surdo.

Inicialmente, as salas multimeios eram encarregadas do atendimento educacional especializado para os alunos surdos, cegos e com baixa visão. Esse atendimento, porém, não era suficiente. Havia os alunos com deficiência física! Veio, então, o estudo referente a esses alunos, que necessitam de acessibilidade arquitetônica, física e material, bem como de acesso à comunicação nos casos de omissão da fala e de dificuldades de escrita funcional.

Novamente, encontrei pessoas habilitadas para as consultorias com o grupo de professores especializados. Foi assim que surgiu o estudo na área da Tecnologia Assistiva, que promove e amplia habilidades em pessoas com privações funcionais, em decorrência da deficiência. Obviamente, as consultorias não se limitaram aos serviços de salas multimeios, pois envolveram profissionais de diversas áreas, como arquitetura, engenharia, fisioterapia, fonoaudiologia e terapia ocupacional, entre outros. Foi preciso discernir quais eram as atribuições de cada área e dos professores das salas multimeios. A Tecnologia Assistiva não se resume, contudo, ao estudo da deficiência física; no entanto, foi a área que mais indicou alternativas de trabalho para a remoção de barreiras de acessibilidade para esses alunos.

A professora Marta Dischinger foi nossa primeira consultora nessa área, sob o enfoque da arquitetura e do *design*. As consultorias indicavam a forma de identificar os alunos com deficiência física que estavam frequentando a rede de ensino, levando em consideração o tipo e o grau de deficiência, a origem – congênita ou adquirida –, as adequações que já foram realizadas na escola, os equipamentos utilizados, as

> A Tecnologia Assistiva é composta por recursos e serviços, sendo estes últimos destinados a avaliar, prescrever e orientar a utilização da Tecnologia Assistiva, para maior independência funcional da pessoa com deficiência na atividade de seu interesse.
> Os recursos que favorecem a comunicação; a adequação postural e mobilidade; o acesso ao computador; a escrita alternativa; o acesso diferenciado ao texto; os projetos arquitetônicos para acessibilidade; os utensílios variados que promovem a independência em atividades como alimentação, vestuário e higiene; o mobiliário e material escolar modificado; são exemplos e modalidades da Tecnologia Assistiva. (BERSCH & SCHIRMER, 2005, p. 88).

adequações e os equipamentos necessários ao aluno e os tipos de adequações e serviços que a família realizava fora da escola. A Tabela 1, abaixo, exemplifica os dados coletados pela professora Amanda, da sala multimeios.

Tabela 1: Diagnóstico inicial – T. A.

Indivíduo/restrição	Tipo	Origem	Observações realizadas	Escola: equipamentos e serviços	Família
Deficiência Múltipla	Aluna com seis anos de idade, dois anos de escola. Aluna com paralisia cerebral, quadreparesia, lesão no córtex visual, provocando a falta de visão central. Consegue falar.		Boa compreensão. Segura lápis e copo com dificuldade.	**Equipamento utilizado:** cadeira não adequada, não tem alcance da mesa, sem apoio para os pés, má postura, não tem cadeira própria. **Necessidades:** Programas de computador para apoio à comunicação; lápis acessível, cadeira e mesa acessíveis.	Não frequenta a atividade de reabilitação e estimulação.

Fonte: Ata de formação continuada

Somente com a identificação da demanda e com o apoio das consultorias da professora Marta e da terapeuta ocupacional Elia, da Associação Santa Catarina de Reabilitação, conseguimos discriminar os recursos e os equipamentos necessários para esses alunos, bem como os serviços de saúde e de instituições especializadas. Novamente, deve-se destacar a importância da parceria a ser estabelecida com os profissionais dessas áreas.

As condições de acessibilidade aos alunos com deficiência física da rede eram extremamente precárias. Com as especificações dos equipamentos e o levantamento dos materiais necessários, porém, conseguimos fazer previsões orçamentárias bem definidas.

No meio da história

Percebi quais deveriam ser as etapas a seguir para que o aluno com deficiência física recebesse a devida atenção, como o conhecimento de suas necessidades, os recursos financeiros para a aquisição de equipamentos e de materiais especializados, a confecção de materiais, a formação dos professores especializados para atendimento e levantamentos das necessidades, a definição de políticas públicas de saúde e a parceria com as instituições especializadas e as outras áreas do conhecimento.

Com recursos da Prefeitura Municipal de Florianópolis e do Ministério da Educação, adquirimos cadeiras de rodas e mesas adequadas e acopladas a elas. Os fisioterapeutas da Associação de Pais e Amigos dos Excepcionais (Apae) nos ajudaram muito na especificação desses equipamentos (as cadeiras e as mesas não são padronizadas; cada aluno necessita de uma cadeira personalizada).

A Secretaria de Educação havia questionado se a aquisição das cadeiras de rodas era de sua responsabilidade ou da Secretaria de Saúde. Argumentei que todo ano eram feitas aquisições de cadeiras e mesas escolares para os alunos sem deficiência; então, era de nossa responsabilidade adquirir esse mobiliário. Hoje, temos como política a previsão de orçamento para a aquisição de cadeiras e mesas adequadas para esses alunos. As dificuldades para essa aquisição, contudo, ainda permanecem, em razão dos longos processos de licitação e da falta de mais profissionais para especificar a cadeira apropriada para cada caso. Outros materiais e equipamentos foram adquiridos com o passar do tempo, por causa do estudo da Tecnologia Assistiva.

Como modalidade dessa tecnologia, organizamos a formação em Comunicação Aumentativa e Alternativa (CAA). A fonoaudióloga Mísia Fahart, da FCEE, nos deu assistência nessa área.

A Comunicação Aumentativa e Alternativa – CAA é uma das áreas da TA que atende pessoas sem fala ou escrita funcional ou em defasagem entre sua necessidade comunicativa e sua habilidade em falar e/ou escrever. Busca, então, através da valorização de todas as formas expressivas do sujeito e da construção de recursos próprios desta metodologia, construir e ampliar sua vida de expressão e compreensão. (BERSCH & SCHIRMER, 2005, p. 89).

No meio da história

Houve uma consultoria introdutória, que necessitou de aprofundamentos. Os professores tiveram as primeiras noções dos sistemas de símbolos adotados pela CAA, como o Bliss e o Símbolo de Comunicação Pictográfica (PCS), atualmente o mais aplicado. Também conheceram recursos de comunicação, como as pranchas, os cartões, as pastas, as carteiras, os vocalizadores e os computadores com pranchas.

A fonoaudióloga Mísia apresentou à Secretaria, nesse período, um projeto de estudo e aprofundamento da CAA para os professores que aos poucos definiria o atendimento especializado com base nesse processo. A Apae e a FCEE, atualmente, realizam esse atendimento. O objetivo é que o aluno tenha um atendimento especializado capaz de melhorar sua comunicação.

Finalizo esta parte da breve história sobre a inclusão escolar na rede de ensino de Florianópolis reconhecendo que, com o estudo do conhecimento especializado, pude entender quanto era preciso redimensionar os serviços de Educação Especial. Ressalto que o processo de entendimento e implementação de políticas do atendimento educacional especializado é lento, exige o estudo das necessidades, a perseverança e o envolvimento no processo de todos que buscam a escola aberta às diferenças.

FIGURA 5 – A formação continuada dos professores das salas multimeios em Comunicação Alternativa

Na prática, o usuário da CAA aponta um símbolo para dizer uma mensagem. Cada recurso deve ser construído de forma personalizada para atender suas necessidades comunicativas particulares, levando-se em consideração suas condições sensoriais e motoras. O recurso de comunicação deve obedecer a critérios de portabilidade, a possibilidade de conter o maior número possível de mensagens, uma disposição de símbolos padronizados e que favoreça a compreensão da língua falada e escrita. (BERSCH & SCHIRMER, 2005, p. 89).

No meio da história
_____

A FORMAÇÃO CONTINUADA DOS PROFESSORES – CONHECIMENTO ESCOLAR

Em 2002, iniciou-se uma intensa formação para os professores do ensino regular, da qual participaram, também, os professores especializados, que não podiam ficar distantes da discussão referente à educação escolar. A análise das práticas escolares e a discussão sobre o conhecimento escolar ministrado nas salas de aula comum subsidiaram essa formação.

> Quanto à formação continuada, os professores teriam garantido um tempo de estudo nas escolas e em seus horários de trabalho para: discutir entre si as suas práticas e trocar experiências; atualizar conhecimentos; dirimir dúvidas; esclarecer situações de sala de aula e cooperativa e coletivamente delinear teorias próprias para explicar como ensinam e como as crianças aprendem em suas escolas. Essa modalidade de formação em serviço inclui também uma autoformação, porque exige do professor um esforço individual de atualização profissional. (MANTOAN, s/d, 7-8).

Da mesma forma que indicou o esgotamento das práticas tradicionais de Educação Especial, a inclusão também denunciou o esgotamento das práticas das salas de aula comum, com base no modelo transmissivo do conhecimento, na espera pelo aluno ideal, na padronização dos resultados esperados pela avaliação classificatória, no currículo organizado de forma disciplinar e universal, na repetência, na evasão, nas turmas organizadas por série, enfim, em tantos outros elementos que compõem o universo das práticas escolares.

A primeira jornada de formação dos professores sobre inclusão escolar foi realizada pela professora Bete Sá, com 20 horas, organizada em encontros mensais. Esses encontros periódicos – propositais possibilitavam um tempo de reflexão sobre a formação e a oportunidade de os professores apresentarem situações de sala de aula para serem discutidas.

Foi mais um momento de entender o que propunha, na prática, a inclusão escolar. Percebi, na ocasião, que os professores estavam ansiosos por saber o que fazer com seus alunos e, especificamente, com os alunos com deficiência.

Constatei, inicialmente, que os professores das salas de aula comum – e acredito que isso aconteça com frequência em outras redes de ensino – atribuíam as dificuldades de inclusão dos alunos com deficiência exclusivamente à falta de serviços especializados. Precisei esclarecer, em muitos

No meio da história

momentos, que a proposta de atendimento educacional especializado estava passando por um amplo processo de reconstrução. Expliquei aos professores que compreendia suas angústias e que estava clara para mim a importância dos serviços especializados, mas eles não eram, naquele momento, os únicos responsáveis pela situação. Se os serviços especializados não estavam cumprindo suas obrigações, da mesma forma as salas de aula comuns não estavam correspondendo ao esperado. O fato era que tanto o ensino regular quanto o ensino especial deveriam caminhar juntos no aprimoramento de suas práticas.

Os professores ficavam perplexos diante de meus questionamentos sobre o desempenho escolar dos alunos sem deficiência. Afinal, como eles estavam se saindo em nossas escolas? Foi a partir dessas questões que constatamos o fato de que os problemas de aprendizagem não estão restritos aos alunos com deficiência e que devemos revelar as deficiências do ensino, por mais que isso cause uma reação de incômodo nos professores.

> Diante da inclusão, o desafio das escolas comum e especial é o de tornar claro o papel de cada uma, pois uma educação para todos não nega nenhuma delas. Se os compromissos educacionais dessas não são sobrepostos, nem substituíveis, cabe à escola especial complementar a escola comum, atuando sobre o saber particular que invariavelmente vai determinar e possibilitar a construção do saber universal. (BATISTA & MANTOAN, 2005, p. 8).

Muitos professores aproveitaram o momento para criticar a extinção dos serviços de professores integradores e das salas de recursos, que, inicialmente, estavam atendendo à deficiência visual e auditiva. Meus registros na ata de formação revelam essa crítica:

– Os serviços especializados se resumiram às salas de recursos para deficiência auditiva e visual? Como ficam os alunos com deficiência mental? – questionou o professor Alberto.

– Sentimos falta do professor integrador, não sabemos o que fazer com os alunos com deficiência – continuou a professora Regina.

Tentei explicar a eles que a figura do professor integrador não correspondia mais às necessidades de trabalho nem condizia com os princípios inclusivos, e que o atendimento às deficiências visual e auditiva eram apenas propostas iniciais de alguns serviços que haviam ficado claros. Percebi, então, quão difícil é para os professores analisar suas próprias práticas.

No meio da história

Após esses esclarecimentos iniciais, a professora Bete Sá deu continuidade à discussão, propondo uma atividade para os professores que envolvia a elaboração de uma pergunta (registrada em papel) correspondente às dificuldades e às dúvidas enfrentadas pelos professores em suas salas de aula. Como a formação continuada tinha por tema a inclusão escolar, as perguntas poderiam se referir a essa questão. Levantadas as questões, o grupo foi convidado a trocá-las entre si, ou seja, cada professora deveria responder à pergunta do outro, conforme seu entendimento. Numa cultura em que esperamos do outro a resposta para nossas dúvidas, não foi muito fácil responder às indagações. O grupo não gostou da atividade e chegou a fazer alguns questionamentos, como:

– Nós é que vamos responder aos problemas que enfrentamos? – indagou perplexo o professor Valter.

– Eu não sei se vou saber responder às perguntas de meus colegas – disse, preocupada, a professora Nara.

Por meio das perguntas/respostas, os professores manifestaram suas dificuldades e suas dúvidas em relação à inclusão escolar. Destaco algumas perguntas/respostas sobre o conceito de inclusão que foram registradas na ata de formação continuada, segundo agrupamento de questões afins:

– P.: O que é uma escola inclusiva?

– R.: Escola inclusiva é aquela que trabalha as diferenças individuais, com competência, sem discriminar.

– P.: O eixo, a marca da escola em que trabalho é "uma escola para todos". Como temos de fazer para que se torne um espaço de vida realmente para todos? Como fazer uma educação que desconstrua conceitos e preconceitos?

– R.: Essa educação, nós não sabemos exatamente como fazer, pois não há receitas prontas. É construindo e desconstruindo conceitos que vamos aprendendo a construir uma escola inclusiva. A inclusão não se restringe

> Por terem internalizado o papel de praticantes, os professores esperam que os formadores os ensinem a trabalhar, na prática, com turmas de alunos heterogêneas, a partir de aulas, manuais, regras, transmitidas e conduzidas por formadores, do mesmo modo como ensinam, nas salas de aula. Acreditam que os conhecimentos que lhes faltam para ensinar alunos com deficiência ou dificuldade de aprender referem-se, primordialmente, à conceituação, à etiologia, aos prognósticos das deficiências e dos problemas de aprendizagem e que precisam conhecer e saber aplicar métodos e técnicas específicas para a aprendizagem escolar desses alunos, se tiverem de aceitá-los em suas salas de aula. (MANTOAN, 2003, p. 80).

aos alunos portadores de deficiências, mas a todos os que estão à margem da sociedade e que a escola não está preparada para atender.

Pareceu-me que, conforme as perguntas/respostas dos professores mostravam, o conceito de inclusão não estava tão primitivo quanto imaginei nas cabeças dos docentes. O conceito por si só, contudo, garantiria a consolidação de uma proposta de inclusão escolar? Os professores entenderam que inclusão não se restringia à inserção de alunos com deficiência no ensino regular; essa compreensão, todavia, significava o entendimento da necessidade de mudança da organização escolar? Precisei descobrir em que momento os professores haviam revisado suas práticas de ensino.

Não só questões foram trocadas, mas também depoimentos:

– Algumas vezes temos atitudes no dia a dia que são excludentes e nem percebemos. Minha maior expectativa é discutir a inclusão não só nos casos de deficiência física ou mental, mas de forma bem mais abrangente.

– Penso que essa necessidade é permanente, pois à medida que vamos incorporando que a diferença está presente em todos os momentos de nossa vida, vamos percebendo que a inclusão diz respeito ao gordo e ao magro, ao negro e ao branco, ao tímido e ao extrovertido... e vamos assumindo posturas diferentes em relação aos valores preestabelecidos. Agora, considero que, se não discutirmos como a escola se apresenta hoje, a questão da exclusão permanecerá, pois é difícil, em uma escola que está fundamentada em conteúdos preestabelecidos, séries e avaliações estanques, existir o respeito às diferenças.

O conceito de escola inclusiva é muito mais amplo, pois implica todo um redimensionamento dos sistemas escolares tradicionais. Isso estava claro para os professores. Mas como podiam ser

> As escolas abertas às diferenças e capazes de ensinar a turma toda demandam uma re-significação e uma reorganização completa dos processos de ensino e de aprendizagem usuais, pois não se pode encaixar um projeto novo em uma velha matriz de concepção do ensino escolar. (FÁVERO, PANTOJA & MANTOAN, 2004, p. 36).

explicadas, ainda, a repetência, a evasão, as avaliações classificatórias, os programas de ensino, que não levavam em conta a realidade e os interesses dos alunos?

No meio da história

Destaco também perguntas/respostas referentes à formação desses professores:

– P.: Inclusão sim, por que não? Mas o professor tem formação para lidar com os alunos com deficiência?

– R.: Não, eles se veem perdidos, sem saber como lidar e até mesmo avaliar essas crianças, encontrando muitas dificuldades em seu dia a dia.

– P.: Como trabalhar ou receber pessoas com necessidades especiais na escola, se ela ainda não está com sua estrutura física e humana preparada para trabalhar com conhecimentos pedagógicos tão específicos? Não fica somente o atender por atender?

– R.: A inclusão já é uma realidade. O que nos resta é aprender para poder atender esses alunos.

– P.: Minha principal questão é estar preparada para receber o aluno com deficiência em sala de aula. Não gostaria de que ele fosse apenas "aquele" que ocupa mais uma cadeira. Gostaria de saber como chegar até ele, como me comunicar (se não sei as linguagens específicas) e como torná-lo sujeito de sua aprendizagem. Quero estar apta a trabalhar com o portador de deficiência, respeitando a diferença e dando direito à igualdade. Como me preparar?

– R.: O "estar preparado" é muito relativo. Devemos sempre ir em busca do conhecimento, embora acredite que não seja só o conhecimento que irei adquirir que fará desse aluno o sujeito de sua aprendizagem, assim como, certamente, não dependerá só de minhas ações o direito à igualdade desse aluno.

Existia, no grupo, o mito de que os professores do ensino regular necessitavam de uma formação especializada para lidar com os alunos com deficiência. A falta de experiência com esses alunos levava a essa crença, bem como ao entendimento das práticas pedagógicas calcadas em conceitos que a modernidade criou sobre aprendizagem, currículo e avaliação,

> Essa tarefa não é tão difícil quanto possa parecer, pois a maioria dos professores já tem muito do conhecimento e das habilidades que eles precisam para ensinar de forma inclusiva. O que lhes falta é confiança em sua própria competência (Mittler e Mittler, 2000). Isso acontece, em parte, em virtude da falta de oportunidades de treinamento e, em parte, ao mito existente há muito tempo acerca da especialização das necessidades especiais que os fazem acreditar que a capacitação especializada é um requisito para a inclusão. Além disso, poucos professores tiveram a oportunidade de ensinar todas as crianças na sua comunidade local, porque alguns alunos foram enviados para escolas especiais ou para escolas independentes. (MITTLER, 2003, p. 184).

entre outros. O conceito de formação já não era aquele tecnicista ou de especialização; ao contrário, era mais abrangente e tinha que ver com uma formação polivalente e com o desenvolvimento de competências.

O caminho não era o de promover formações especializadas, mas de realizar, sim, formação continuada nas escolas e sobre as questões do ensinar e do aprender. Os professores necessitavam de espaços para discutir as práticas pedagógicas, problematizando temas de seu cotidiano. De nada adiantaria saber sobre os tipos de deficiências ou os recursos adaptados se não fosse realizado um profundo questionamento sobre as práticas de escolarização vigentes. A formação continuada tinha por finalidade promover, entre os professores, discussões sobre a aprendizagem de alunos com deficiência e também sobre novas maneiras de ensinar e de encarar os diferentes caminhos da aprendizagem, diante das diferentes respostas que os alunos poderiam apresentar sobre um dado tema/conteúdo de estudo.

> Os professores do ensino regular consideram-se incompetentes para lidar com as diferenças nas salas de aula, especialmente atender os alunos com deficiência, pois seus colegas especializados sempre se distinguiram por realizar unicamente esse atendimento e exageraram essa capacidade de fazê-lo aos olhos de todos. (MITLLER, 2000 apud MANTOAN, 2003, p. 21).

A pergunta/resposta abaixo, no entanto, denunciou as práticas excludentes da escola:

– P.: Nos dias de hoje, a escola é "para todos", não podemos deixar ninguém fora dela. Como nossa formação não foi direcionada nem incluía as crianças portadoras de deficiência, o que fazer quando aparecer na escola alguém com deficiência visual, auditiva ou mental?

– R.: O modelo social padroniza pessoas, e a escola herda desse modelo a padronização do modelo ideal. Precisamos desconstruir e desfazer conceitos e preconceitos e permitir que a criança, em suas diferenças, "apareça" na escola, porque muito temos para aprender com elas. Precisamos da formação continuada para sabermos lidar com a educação das novas gerações no momento atual, de diferentes formas, haja vista o processo de "ensinagem", tão padronizado!

> Quem estabelece a igualdade como objetivo a ser atingido, a partir da situação de desigualdade, de fato posterga até o infinito. A igualdade jamais vem após, como resultado a ser atingido. Ela deve ser sempre colocada antes. (RANCIÈRE, 2002, p. 11).

No meio da história

> Instruir pode, portanto, significar duas coisas absolutamente opostas: confirmar uma incapacidade pelo próprio ato que pretende reduzi-la ou, inversamente, forçar uma capacidade que se ignora ou se denega a se reconhecer e a desenvolver todas as consequências desse reconhecimento. O primeiro ato chama-se embrutecimento e o segundo, emancipação. [...]. Os amigos da igualdade não têm de instruir o povo, para aproximá-lo da igualdade, eles têm de emancipar as inteligências, têm de obrigar a quem quer que seja a verificar a igualdade de inteligências. (RANCIÈRE, 2002, p. 11-12).

Constatei, assim, que

> Os sistemas escolares também estão montados a partir de um pensamento que recorta a realidade, que permite dividir os alunos em normais e deficientes, as modalidades de ensino em regular e especial, os professores em especialistas nesta e naquela manifestação das diferenças. A lógica dessa organização é marcada por uma visão determinista, mecanicista, formalista, reducionista, própria do pensamento científico moderno, que ignora o subjetivo, o afetivo, o criador, sem os quais não conseguimos romper com o velho modelo escolar para produzir a reviravolta que a inclusão propõe. (MANTOAN, 2003, p. 19).

A busca não era pela igualdade – isso estava claro –, mas pelas diferentes manifestações humanas do aprender. A exemplo disso, muitas vezes, o aluno constrói uma resposta que não é a esperada pelos professores. Cabe a eles investigar a razão dessa resposta. Se a escola não reconhecer isso, não será possível a inclusão escolar. Rancière (2002, p. 11) alerta para o papel do professor na tarefa de emancipar a inteligência de seus alunos e não de embrutecê-las.

A formação não dará fórmulas para a inclusão e, tampouco, soluções para as dificuldades encontradas em sala de aula. Promoverá uma mudança de olhar os processos de ensinar e de aprender e, para isso, o professor deverá estar aberto para questionar seu modo de ensinar e de encarar a aprendizagem dos alunos.

os professores consideram válida a proposta de uma educação inclusiva, mas veem muitas dificuldades na hora de implementá-la. Há uma idealização muito grande em torno da formação inicial e continuada e do aluno com deficiência.

Nesse sentido, essas modalidades de formação para professores do ensino regular devem ser revistas, de forma que atenda aos princípios da inclusão escolar. Não haverá necessidade de enfatizar os aspectos clínicos e especializados da deficiência, como há muito tempo temos feito, mas teremos de buscar estudos que levem a uma profunda revisão das práticas pedagógicas, acompanhada de estudos teóricos inovadores e atualizados.

Também saliento perguntas/respostas dos professores referentes às dificuldades na prática escolar:

– P.: Como um professor pode trabalhar com alunos com necessidades especiais sem ter uma bagagem curricular, uma sala adequada a essas crianças e tampouco recursos necessários a essas necessidades?

– R.: O professor deverá buscar orientação na Secretaria de Educação. Tem de pesquisar e estudar sobre o assunto.

– P.: Como incluir o aluno portador de alguma deficiência com o conteúdo dado?

– R.: Integrar aluno e conteúdo, para que ele seja parte integrante da turma.

– P.: É possível suprir todas as necessidades do portador de deficiência no ensino regular? Como isso deve ser feito?

– R.: Suprir todas as necessidades é impossível, mas entendê-las no contexto escolar é possível, sim.

Houve professores que se manifestaram sobre suas práticas, como segue:

– Uma das questões que mais me angustiam é não poder contribuir mais com o professor na perspectiva de ajudá-lo na aprendizagem de alguns alunos. No processo de inclusão, percebe-se que socialmente não há dificuldades.

– Não sei se entendi sua questão. Se você se angustia na forma de aprender de alguns alunos, imagine com a inclusão desses alunos portadores de alguma deficiência. Com certeza, não conseguiremos nenhuma ajuda se não nos unirmos com todos os profissionais e buscarmos novos conhecimentos e práticas.

Se nossa meta, portanto, é trabalhar em favor da educação inclusiva, nossas concepções de aprendizagem e de ensino devem ser revisadas. Um ponto de partida para a compreensão da aprendizagem é ter claro que todo aluno é capaz de aprender. Os alunos, no entanto, não têm o mesmo tempo de aprendizagem e traçam diferentes caminhos para aprender. Cabe ao professor disponibilizar o melhor do ensino e as mais variadas atividades, e cabe ao aluno a liberdade de escolher a tarefa que lhe

> A aprendizagem como o centro das atividades escolares e o sucesso dos alunos como meta da escola – independentemente do nível de desempenho a que cada um seja capaz de chegar – são condições básicas para se caminhar na direção de escolas acolhedoras. O sentido desse acolhimento não é a aceitação passiva das possibilidades de cada aluno, mas o de sermos receptivos aos níveis diferentes de desenvolvimento das crianças e dos jovens. Afinal, as escolas existem para formar as novas gerações e não apenas alguns de seus futuros membros, os mais privilegiados. (FÁVERO et al., 2004, p. 34).

No meio da história

> A inclusão é uma inovação que implica um esforço de modernização e de reestruturação das condições atuais da maioria de nossas escolas (especialmente as de nível básico), ao assumirem que as dificuldades de alunos não são apenas deles, mas resultam, em grande parte, do modo como o ensino é ministrado e de como a aprendizagem é concebida e avaliada. (MANTOAN, 2003, p. 57)

interessa. O ensino democrático é aquele que considera as diferenças de opiniões, de interesses, de necessidades, de ideias e de escolhas.

No processo de escolarização inclusivo, o erro deve ser considerado parte integrante da aprendizagem – não pode ser sinônimo de nota baixa ou de caneta vermelha nas produções de alunos. A aprendizagem sugere dúvidas, acertos, erros, avanços, descobertas. Suas fases não são lineares e constituem processos coletivos e ou individuais, daí a importância do grupo e da colaboração entre os alunos da turma. Quando o conhecimento está imerso em uma rede de significações, o aluno efetivamente aprende, seja em grupo ou individualmente.

Na perspectiva inclusiva e de uma escola de qualidade, os professores não podem duvidar das possibilidades de aprendizagem dos alunos com deficiência e nem prever quanto esses alunos irão aprender. A deficiência de um aluno também não é motivo para que o professor deixe de proporcionar-lhe o melhor das práticas de ensino e também não justifica um ensino à parte, diversificado, com atividades que discriminam e que se dizem "adaptadas" às possibilidades de entendimento de alguns. Ele deve partir da capacidade de aprender desses e dos demais alunos, levando em consideração a pluralidade das manifestações intelectuais. A aprendizagem, também, é imprevisível; por isso, não cabem as rotulações e categorizações para distinguir um aluno do outro por sua capacidade de aprender. Ele precisa considerar que o aluno é um ser em constante vir a ser e que precisa de liberdade para aprender e para produzir livremente o conhecimento, no nível em que for capaz de assimilar um tema ou assunto de aula.

O objetivo da escola não é levar todos os alunos a um nível de desenvolvimento padrão – e, se esse desenvolvimento almejado pela escola não se realiza, os alunos não devem sofrer as consequências da reprovação. Por mais que tenha sido imposta a ideia de homogeneização das turmas, o que as move é a heterogeneidade, a multiplicidade e a complexidade. Fazer que todos os alunos pensem como o professor ou reproduzam os conteúdos ministrados em aula é fazer que 30 ou 40 inteligências sejam subordinadas a uma única inteligência – a do professor. Considerar as 30 ou 40 diferentes manifestações intelectuais é trabalhar a favor da emancipação dos alunos. Rancière (2002, p. 31) afirma: "Há embrutecimento quando uma inteligência é subordinada a outra inteligência".

O professor deve, então, abandonar as práticas de ensino transmissivas, a ênfase no domínio pleno dos conteúdos programáticos, o livro didático como único recurso para trabalhar o conhecimento e todas as outras práticas embrutecedoras.

A forma de conceber o ensino e a aprendizagem está atrelada às concepções de currículo, e a organização curricular que faz parte da grande maioria das escolas é aquela que estrutura o conhecimento escolar em disciplinas. Também faz parte dessa organização as turmas divididas em séries e a manipulação dos tempos e dos espaços do cotidiano escolar, pois o tempo de aprender está estruturado de acordo com as convenções da escola e não com o tempo dos alunos. Todo esse tipo de organização dificulta a consolidação da escola inclusiva. As disciplinas escolares passam a ser o único meio de conhecimento. Realmente, sob essa lógica, a entrada de alunos com deficiência nas salas de aula comuns causam uma série de transtornos para as convenções escolares.

O conhecimento que entra na escola, então, é definido por uma rede de relações de poder, fazendo que seja adotado o saber universal e hegemônico em detrimento do saber local. Somente alguns conhecimentos são válidos para compor os conteúdos escolares, e o conhecimento científico é o único que transita nesse espaço, desconsiderando-se outras formas. Assim, a escola funciona como se a organização disciplinar do conhecimento escolar fosse a única forma de currículo. Há, entretanto, escolas que contestam o currículo disciplinar, pois percebem que essa forma de

> [...] prefiro dizer que currículos em rede já estão em andamento hoje, na medida em que, cotidianamente, estamos 'mergulhados' nas nossas inúmeras redes de contato e criação do conhecimento e que elas continuam existindo em cada um de nós e em nossos alunos e alunas quando entramos nas escolas nas quais trabalhamos e estudamos. São elas que nos fazem escolher este ou aquele conteúdo, esta ou aquela forma de trabalhar, a maneira de nos relacionarmos com os colegas e com os alunos, são elas que dão significado ao que os alunos e alunas conseguem aprender porque fazem algum trançado com suas redes próprias. (ALVES et al., 2002, p. 56-57).

No meio da história

> Para discutir o primeiro processo, temos de partir do acordo sobre um fato: se o mundo é cheio de conhecimentos de toda ordem e origem e que nos aparecem sob múltiplas formas, nem todos eles estão na escola, quer dizer, alguém (aqueles que têm poder) faz a escolha dos conhecimentos que vão estar na escola e que nela devem ser ensinados. Ou seja, há a seleção daqueles conhecimentos que na escola são chamados *conteúdos pedagógicos* e que todos deverão aprender. Isto nos leva a reconhecer que outros conhecimentos tiveram sua entrada proibida na escola... pelo menos oficialmente. (GARCIA & ALVES, 2001, p. 86).

> De uma base sólida do conhecimento em blocos rígidos, constituída de leis fundamentais, passamos para a metáfora do conhecimento em rede, significando uma teia onde tudo está interligado. Nessa teia interconexa que representa os fenômenos observados descritos por conceitos, modelos e teorias, não há nada que seja primordial, fundamental, primário ou secundário, pois não existe mais nenhum alicerce, fixo e imutável. Isso significa que não existe uma ciência, ou uma disciplina, que esteja acima ou abaixo, que não há conceitos em hierarquia ou algo que seja mais fundamental do que qualquer outra coisa. O enfoque disciplinar atual é fruto do racionalismo científico que modelou o pensamento humano durante séculos. (MORAES, 2003, p. 75).

organização não estabelece redes de significações para os alunos; ao contrário, leva-os ao desinteresse.

Torna-se necessário, então, romper com o currículo hegemônico, e isso requer o uso de táticas, conforme aborda Certeau, de forma que o cotidiano possa ser inventado a partir de outra lógica, considerando-se as redes de saberes e fazeres da comunidade escolar.

Alguns estudos já apontam a substituição do conhecimento disciplinar pela lógica do conhecimento em rede. Nesse sistema, o aluno navega por diversos campos do saber, incluindo aqueles saberes que não entram na organização disciplinar da escola.

O conhecimento em rede consiste na possibilidade de rompimento com o pensamento da ciência moderna, que instituiu que todo conhecimento é linear, que existe somente uma maneira de responder às questões do mundo e que categorizou os indivíduos em normais e anormais.

Trata-se de uma organização curricular que leva em consideração a criação, a multidimensionalidade da condição humana. Não se restringe apenas ao cognitivo, mas também realiza conexão entre os conhecimentos, porque os conteúdos, em vez de serem ignorados, são ressignificados e religados. Nesse sistema, não se considera somente o saber universal, mas também o local, produzido pelas relações sócio-históricas dos alunos. O aluno, então, não constitui um mero receptor de informação: ele participa ativamente da construção do conhecimento, visto que a escola não tem por função somente traduzir o conhecimento universal e científico, mas faz também que seus alunos sejam agentes de criação do conhecimento.

Diferentemente do conhecimento em rede, não linear, a cultura local não é levada em consideração: somente o é o conhecimento universal e hegemônico, o que faz que a cultura local relativa aos alunos seja por eles esquecida. Assim, os saberes cotidianos são considerados inúteis, e os indivíduos não desenvolvem autonomia, são sempre dependentes de alguém, principalmente do professor, que define o que deve ser ensinado. Da mesma forma, nós, professores, esperamos que alguém de fora venha nos dizer o que temos de fazer com nossos alunos.

Sob a lógica do conhecimento em rede não há a separação entre conhecimento científico e cotidiano. Esse sistema leva em conta a multiplicidade humana, a religação dos saberes e as relações cotidianas, cuja compreensão, por sua vez, requer um paradigma da complexidade. Esse paradigma questiona a ciência moderna, de maneira que possamos refletir sobre essas relações e suas múltiplas manifestações.

O advento da inclusão, então, faz emergir a multiplicidade e a complexidade do mundo e do interior de nossas escolas, que impedem que os alunos continuem a memorizar e a repetir sem significado aquilo que o conhecimento universal e hegemônico lhes impõe.

A organização curricular não deve estar preocupada somente com as diferenças relacionadas às deficiências, mas também com as manifestações e as expressões culturais e com a subjetividade humana, nas quais está também presente a diferença. Determinados grupos culturais, por

> O conhecimento pertinente deve enfrentar a complexidade. *Complexus* significa o que foi tecido junto; de fato, há complexidade quando elementos diferentes são inseparáveis constitutivos do todo (como o econômico, o político, o sociológico, o psicológico, o afetivo, o mitológico), e há um tecido interdependente, interativo e inter-retroativo entre o objeto do conhecimento e seu contexto, as partes e o todo, o todo e as partes, as partes entre si. Por isso, a complexidade é a união entre a unidade e a multiplicidade. Os desenvolvimentos próprios a nossa era planetária nos confrontam cada vez mais e de maneira cada vez mais inelutável com os desafios da complexidade. (MORIN, 2002, p. 38).

> Unidades complexas, como o ser humano ou a sociedade são multidimensionais: dessa forma, o ser humano é ao mesmo tempo biológico, psíquico, social, afetivo e racional. A sociedade comporta as dimensões histórica, econômica, sociológica, religiosa... O conhecimento pertinente deve reconhecer esse caráter multidimensional e nele inserir estes dados: não apenas não se poderia isolar uma parte do todo, mas as partes umas das outras [...]. (MORIN, 2002, p. 38).

No meio da história

> O multiculturalismo mostra que o ingrediente da desigualdade em matéria de educação e currículo é função de outras dinâmicas, como as de gênero, raça e sexualidade, por exemplo, que não podem ser reduzidas à dinâmica de classe. Além disso, o multiculturalismo nos faz lembrar que a igualdade não pode ser obtida simplesmente através do acesso ao currículo hegemônico existente, como nas reivindicações educacionais anteriores. A obtenção da igualdade depende de uma modificação substancial do currículo existente. (SILVA, 2002, p. 90).

> O afastamento das singularidades de "classe" ou "gênero" como categorias conceituais e organizacionais básicas resultou em uma consciência das posições dos sujeitos – de raça, gênero, geração, local institucional, localidade geopolítica, orientação sexual – que habitam qualquer pretensão à identidade no mundo moderno. O que é teoricamente inovador e politicamente crucial é a necessidade de passar além das narrativas subjetivas originárias e iniciais e de focalizar aqueles momentos ou processos que são produzidos na articulação de diferenças culturais. Esses "entre-lugares" fornecem o terreno para a elaboração de estratégias de subjetividades – singular ou coletiva – que dão início a novos signos de identidade e postos inovadores de colaboração e contestação, no ato de definir a própria ideia de sociedade. (BHABHA, 2005, p. 19.-20).

exemplo, sofrem processos de discriminação e desigualdade em nome de uma cultura dominante que faz valer seus valores como os únicos corretos. O currículo disciplinar e hegemônico reforça essa questão ao trabalhar o conhecimento próprio das culturas dominantes em detrimento do conhecimento de outras culturas. As diferenças culturais, nesse caso, são percebidas por meio das relações de poder, pois são elas que criam um processo discursivo, produzindo-as como culturas inferiores.

O currículo não pode estar alheio ao contexto das culturas étnicas, raciais, linguísticas, religiosas, nacionais, de gênero e de orientação sexual. Os padrões culturais hegemônicos da organização curricular devem dar espaço à pluralidade cultural. O currículo que não leva em conta essa pluralidade acaba gerando situações de repetência e de evasão. Não se trata de oportunizar às classes populares, por exemplo, o acesso ao conhecimento dominante se seu conhecimento local não é valorizado.

É preciso, assim, que a escola saia da prática monocultural e parta para uma prática do multiculturalismo, ou seja, em vez de considerar apenas o saber da cultura dominante, que passe a considerar todas as formas de saber.

Infelizmente, a organização disciplinar não diz respeito somente à disciplinarização do conhecimento, mas também à disciplina dos corpos e das mentes dos alunos.

Talvez a pergunta feita à professora Bete Sá sobre como trabalhar os conteúdos com os alunos com deficiência devesse ser substituída por uma outra pergunta: o que todos os alunos estão aprendendo a partir do currículo disciplinar?

Seguem outras perguntas/respostas registradas na ata de formação:

— P.: Como devemos avaliar uma criança com deficiência que está inserida no ensino regular?

— R.: Respeitando seus limites e percebendo seus progressos.

— P.: Como avaliar as crianças com deficiência?

— R.: De forma qualitativa, observando sempre os avanços obtidos pelo aluno. A avaliação deve ser feita no dia a dia, mediante observações frequentes, enfatizando as habilidades e não as dificuldades do aluno.

Também surgiram dúvidas:

— A maior dificuldade que sinto é quando o aluno não escreve (porque não pode ou porque não domina as habilidades) e o professor não consegue avaliá-lo de outra forma.

— O planejamento do professor deve ser aberto e flexível, abrangendo as várias áreas do conhecimento e estimulando as várias habilidades do aluno de forma que ele, professor, tenha condições de ver como ocorre a aprendizagem mesmo que o aluno não escreva: como fala, como se posiciona, que interesse demonstra, que material utiliza, como interage com os colegas, que recursos alternativos usa para se comunicar etc.

> Os modos de avaliar a aprendizagem são outro entrave à implementação da inclusão. Por isso, é urgente substituir o caráter classificatório da avaliação escolar, através de notas e provas, por um processo que deverá ser contínuo e qualitativo, visando depurar o ensino e torná-lo cada vez mais adequado e eficiente à aprendizagem de todos os alunos. Essa medida já diminuiria substancialmente o número de crianças e adolescentes que são indevidamente avaliados, encaminhados e categorizados como deficientes nas escolas regulares. Esse tópico será tratado neste documento, com mais detalhes, posteriormente. (FÁVERO, PANTOJA & MANTOAN, 2004, p. 35).

A avaliação não está desvinculada das concepções tradicionais de currículo, ensino e aprendizagem. Aliás, ela é uma consequência dessas concepções. Como respondeu a professora, a avaliação deve se preocupar com o percurso do aluno e estar atenta às habilidades de cada um. A finalidade da avaliação não é rotular os alunos por meio de notas ou pareceres que acentuem suas dificuldades, mas acompanhar seus processos de aprendizagem.

Outras perguntas/respostas registradas na ata de formação referem-se ao intercâmbio entre o serviço especializado e a sala de aula comum:

— P.: Como a sala de recursos deve trabalhar na escola, não fazendo um trabalho compensatório, dentro da perspectiva inclusiva?

No meio da história

— R.: Talvez ajude a fazer trabalhos com as turmas comuns por meio de discussões, debates, a fim de promover a conscientização das diferenças e a inclusão do "diferente" ao grupo. Por outro lado, havendo a necessidade de atenção diferenciada, em razão da deficiência do aluno, deve também haver essa compensação por parte dos profissionais disponíveis, não esquecendo a importância da afetividade e do aumento da autoestima.

— P.: Como trabalhar o aluno com deficiência visual sem conhecer os mecanismos usados por ele?

— R.: Hoje a Secretaria de Educação está trabalhando com sala de recursos, basta pedir auxílio para as professoras dessas salas ou procurar a Associação de Cegos que eles podem auxiliar nessa questão.

— P.: Sala de Recursos? Você acha que somente esse espaço dá conta como proposta?

— R.: De inclusão não, pois essa é uma discussão muito mais ampla, que envolve todo o projeto da escola.

— P.: Como você vê a sala de recursos na escola inclusiva?

— R.: Se for uma sala adequada ao atendimento especializado dos alunos com deficiência, com profissionais extremamente capacitados, e se atender não apenas deficiência visual e deficiência auditiva, mas também, principalmente, a deficiência mental, que, na realidade, é o que mais existe na escola, acredito que a sala de recursos possa funcionar. Torna-se, todavia, necessária uma coordenação eficiente que ofereça ao profissional, principalmente, segurança e autonomia para desenvolver seu trabalho com sucesso.

— P.: Há necessidade de o professor de educação especial trabalhar em sala de recursos? Ou ele poderia estar diluído dentro da escola como um professor ou especialista?

— R.: Acredito que o pedagogo de Educação Especial deveria ainda — por quanto tempo não sei — fazer parte das equipes pedagógicas, principalmente por estarmos hoje vivendo uma escola integradora e não inclusiva; dentro da integração, a sala de recursos cabe, mas como escola inclusiva, não.

— P.: Como ensinar uma criança com deficiência visual a ler, quando hoje as escolas e os professores não estão preparados para isso?

No meio da história

– R.: Deve-se preparar o professor com metodologia específica (método Braille).

A Constituição garante o acesso de todos à educação, tal qual garante o atendimento educacional especializado para os alunos com deficiência. A Educação Especial perde seu caráter substitutivo anterior para ser uma modalidade que complementa os níveis de ensino, perpassando-os. Esse foi o entendimento que possibilitou uma outra orientação para os serviços de Educação Especial da rede de ensino em questão.

O atendimento educacional especializado, como já vimos, deve ser complementar (conhecimento especializado), ou seja, é diferente de tudo o que é ensino na sala de aula comum (conhecimento escolar). Trata-se de uma responsabilidade dos professores especializados – não é possível misturar os atributos de cada professor, como percebemos em algumas perguntas/respostas. As salas de recursos – a partir de 2003, denominadas sala multimeios tinham por objetivo oferecer o atendimento educacional especializado como primeira implementação de serviços.

Em segundo lugar, o entendimento do atributo do professor especializado ainda está muito vinculado ao paradigma da integração. Nas perguntas/respostas, observei a existência do sistema paralelo de Educação Especial, como se ao professor especializado coubesse toda a responsabilidade sobre os alunos com deficiência nas salas de aula do ensino regular.

Com efeito, longas discussões foram realizadas para definirmos uma sala que realmente se ocupasse com o atendimento especializado, pois a marca dessas salas era de um saber compensatório e clínico. Os depoimentos me levaram a pensar que os professores do ensino regular estavam à procura de uma prática que fosse diferenciada só para os alunos com deficiência.

As perguntas/respostas que seguem revelam esse dado:

– P.: Como trabalhar – incluir – o aluno com autismo?

– R.: Evite tocá-lo, abraçá-lo, chegar muito perto dele. Deixe que fique na dele, sem forçar, porque aos poucos ele vai se entrosando com a turma. Não force a realização das atividades nem deixe que nada o contrarie.

No meio da história

– P.: Como trabalhar com uma criança portadora de paralisia cerebral no Ensino Fundamental? Cobrar as atividades ou a socialização é o maior objetivo?

– R.: Não me sinto preparada para trabalhar com um aluno assim. Creio que, primeiramente, depende do nível de comprometimento da paralisia cerebral, se atingiu apenas a parte motora ou a mental também. Aí, se acontecer de receber um aluno assim, vou sair "tateando" por aí, lendo o que há sobre o assunto até descobrir o que posso ou não fazer com ele.

– P.: O motivo de minha participação no referido curso é que estou com uma aluna especial com síndrome de Down. E, como não sou especialista, vejo-me com grandes dificuldades de trabalhar com essa criança.

– R.: Penso que você precisa de assessoria permanente (teórica e prática) para auxiliá-la no trabalho. E de um professor para auxiliá-la em sala.

– P.: Como o professor pode trabalhar com a inclusão na sala de aula, principalmente quando a criança apresenta uma deficiência mental?

– R.: Não tenho a menor ideia, por isso eu estou aqui.

A deficiência deve ser percebida sob outra perspectiva. O estudo, por exemplo, da síndrome de Down não dirá tudo sobre o aluno com essa síndrome. Os alunos com deficiência não podem ser vistos com uma identidade determinada pelos saberes dos livros, dos professores especializados e de alguns movimentos que a essencializam. Os alunos com deficiência são absoluta multiplicidade e estão em constante transformação.

Larrosa (2003, p. 186), quando discute o enigma da infância, ajuda-nos a compreender o enigma da deficiência como algo que não se pode antecipar, porque está além de nosso saber e poder.

> [...] a infância nunca é o que sabemos (é o outro dos nossos saberes), mas, por outro lado, é portadora de uma verdade à qual devemos nos colocar à disposição de escutar, nunca é aquilo apreendido pelo nosso poder (é o outro que não pode ser submetido), mas ao mesmo tempo requer nossa iniciativa; nunca está no lugar que a ela reservamos (é o outro que não pode ser abarcado), mas devemos abrir um lugar para recebê-la. (LARROSA, 2003, p. 186).

Os alunos com deficiência – surdos, cegos, com deficiência mental – estão diretamente relacionados a sistemas de representações, que têm a marca do poder hegemônico. Quando fixamos identidades, principalmente em representações excludentes e taxativas, como no caso dos alunos com deficiência, isso tem implicação direta nas práticas escolares, ou seja, esses alunos podem ser vistos como incapazes de evoluir. Eles são categorizados e percebidos como "os diferentes". São eles e não nós que marcam a diferença.

A identidade e a diferença estão estreitamente ligadas a sistemas de significação (Silva, 2005, p.89). As práticas escolares deveriam, portanto, questionar as representações estereotipadas e fixadas da deficiência, visto que o que dizemos sobre ela tem um poder enorme para produzir identidades. Por exemplo, quando fixamos que toda criança surda é desconfiada, que toda criança autista é agressiva, essa ação discursiva pode produzir o fato.

> A identidade não é fixa, estável, coerente, unificada, permanente. A identidade tampouco é homogênea, definitiva, acabada, idêntica, transcendental. Por outro lado, podemos dizer que a identidade é uma construção, um efeito, um processo de produção, uma relação, um ato performativo. (SILVA, 2005, p. 96).

As afirmações sobre diferença, em vista disso, só fazem sentido quando relacionadas a afirmações sobre identidade.

Em outras palavras, a identidade compreende, simplesmente, aquilo que somos: professor, brasileiro, casado etc. Em oposição à identidade, a diferença compreende aquilo que o outro é: francês, advogado, branco. Em ambos os casos, diferença e identidade existem em si mesmas. Quando dizemos, no entanto, que somos brasileiros, essa afirmação implica a negação, visto que não somos argentinos, não somos franceses, não somos alemães.

> As afirmações sobre diferença também dependem de uma cadeia em geral oculta, de declarações negativas sobre (outras) identidades. Assim como a identidade depende da diferença, a diferença depende da identidade. Identidade e diferença são, pois, inseparáveis. (SILVA, 2005, p.75).

A identidade também pode ser entendida como algo que se vai produzindo no confronto com o outro e surge, principalmente, do envolvimento com culturas étnicas, religiosas, nacionais, raciais, entre outras. Todas essas características localizam o indivíduo no tempo e no espaço, ou seja, determinam o que cada sujeito é, partindo de seu grupo social e de suas características individuais. O que o mundo externo atribui a alguém e ao grupo a que pertence (religioso, nacional, étnico) pode fixar, estabilizar e construir uma identidade. Logo, a identidade também não é naturalizada, está construída social e culturalmente e depende de relações de poder.

Diferença e identidade, portanto, têm como origem os processos de diferenciação, e se esta existe, segundo Silva (2005, p.81), há o poder. A

No meio da história

> Não obstante, a educação impõe, a si mesma, o dever de fazer de cada um de nós alguém, alguém com uma identidade bem definida pelos cânones da normalidade, os cânones que marcam aquilo que deve ser habitual, repetido, reto, em cada um de nós. (FERRE, 2001, p. 196).

diferenciação constitui, assim, o processo central pelo qual a identidade e a diferença são produzidas.

A educação, por sua vez, estabelece um processo de normalização da identidade, com base, geralmente, em características cognitivas e de comportamento sociocultural dos alunos.

A fixação dessa identidade é, então, impossível, mas, ao mesmo tempo, uma tendência. Ocorre quando resulta de uma essencialização, como é o caso da identidade nacional, podendo ser móvel nos casos em que se consideram as diferenças peculiares de cada um dentro de uma dada identidade.

A diferença também não constitui uma essência, um dado ou um fato da cultura, mas uma construção, um efeito, um processo de produção, uma relação. As desigualdades sociais e econômicas, assim, precisam ser combatidas porque tendem a se fixar em determinados grupos, como é o caso das pessoas com deficiência e das outras minorias.

A Pedagogia, diante da identidade e da diferença, antes de se preocupar com categorizações e generalizações, deveria, portanto, preocupar-se em descobrir como se produzem tais conceitos na escola.

A inclusão, por exemplo, como uma proposta escolar inovadora, não apenas respeita e admite a diferença como também a reconhece e a valoriza. O processo de diferenciação que responde pela produção de identidades móveis consiste sempre em uma multiplicação, como nos ensina Silva (2005, p. 100), porque a diversidade não é um processo, mas um estado, estático. A multiplicidade, por sua vez, é capaz de produzir as diferenças, que são infinitas e, portanto, irredutíveis a uma identidade fixada. A diversidade, então, reafirma a identidade estática, fixada, ao passo que a multiplicidade demonstra a diferença que não tem fim. Acolher o outro numa pedagogia inclusiva é acolhê-lo como um outro cuja diferença é infinitamente irredutível. E não cabe, portanto, nas categorias da deficiência, aprisionar identidades e hierarquizar pessoas.

Ninguém tem de ser como o outro é. Cada um é o que é e o que pode vir a ser. Não é desejável, portanto, defender uma igualdade que faz que o educando perca sua especificidade e mesmo sua criatividade. A diferença faz que sejamos seres únicos, ao mesmo tempo que as semelhanças nos dão o sentimento de pertença ao grupo social. Trata-se de um jogo sutil e muito difícil de ser enfrentado, especialmente nas escolas.

> Temos o direito a sermos iguais quando a diferença nos inferioriza; temos o direito a sermos diferentes quando a igualdade nos descaracteriza. (SANTOS, 1995).

Uma referência de normalidade faz que todos aqueles que não se adaptam aos parâmetros da escola sejam considerados os diferentes, os anormais. Observo que as identidades "anormais" são fixadas e essencializadas como se uma criança fosse tudo o que caracteriza algum tipo de deficiência que ela possui. É o caso do aluno com síndrome de Down, considerado por todos uma pessoa dócil, afetiva etc., como se todas as crianças com síndrome de Down se caracterizassem por esses atributos. Os surdos, os cegos, as crianças em estado de risco social e outros também são vistos, pelos professores em geral, como pessoas cuja identidade é fixada, a tal ponto que tais professores acreditam que precisam se preparar, aprendendo métodos específicos de ensino escolar a serem adotados para o ensino desses alunos. As categorizações das deficiências, vale destacar, vão limitando nossa possibilidade de perceber o outro, de conhecê-lo e de compreendê-lo.

> Fixar uma determinada identidade como a norma é uma das formas privilegiadas de hierarquização das identidades e das diferenças. A normalização é um dos processos mais sutis pelos quais o poder se manifesta no campo da identidade e da diferença. Normalizar significa eleger arbitrariamente uma identidade específica como parâmetro em relação à qual as outras identidades são avaliadas e hierarquizadas. Normalizar significa atribuir a essa identidade todas as características positivas possíveis, em relação às quais as outras identidades só podem ser avaliadas de forma negativa. (SILVA, 2005, p. 83).

Todos somos diferentes; e não o são somente os que compõem minorias ainda excluídas (negros, índios, mulheres, deficientes, idosos e outros). O que há é um mundo plural e em constante diferenciação, que multiplica infinitamente as diferenças e que deve lutar contra as desigualdades de todo tipo.

As diferenças fazem-se presentes tanto no individual quanto no coletivo. Elas são formadas por toda a gama de singularidades e de semelhanças. Nunca conseguiremos extingui-las, portanto, nem todos os grupos sociais que se manifestam de diferentes maneiras – se extinguirmos as diferenças, estaremos desconhecendo a humanidade.

No meio da história

A formação dos docentes com a professora Bete Sá, então, proporcionou esses encontros de atualização e aprofundamento das práticas escolares sob a luz da perspectiva inclusiva. Essa formação foi um ponto de partida que desencadeou outros ricos momentos de troca de experiências e de estudos com outros professores.

De fato, em 2002, muitos outros encontros foram organizados. O resultado das formações realizadas com representantes das unidades escolares, porém, não chegava tão rapidamente às escolas, o que exigia formações constantes e discussões no interior das escolas.

Dei prosseguimento, então, aos encontros, organizando uma formação continuada para os gestores dos níveis de ensino e modalidades da Secretaria de Educação, com a finalidade de esses gestores promoverem, na organização de suas formações, a discussão sobre inclusão escolar, entendendo-a como uma formação que não está restrita ao grupo de professores especializados, tampouco à inclusão somente dos alunos com deficiência. Ressalto que os gestores dos níveis de ensino – Educação Infantil e Ensino Fundamental e modalidades, Educação de Jovens e Adultos e Educação Especial – contaram com a consultoria da professora Maria Teresa Eglér Mantoan.

Essa formação gerou bons resultados, pois, em seguida, o Departamento de Educação Infantil organizou um encontro com os professores da rede que atuam com as crianças de zero a seis anos, tendo como consultora a professora Bete Sá. A Coordenadoria de Educação de Jovens e Adultos organizou um encontro também, sob a responsabilidade da professora Maria Teresa Eglér Mantoan, com os professores que atuam nos núcleos de ensino.

Assim, os professores foram compreendendo a necessidade de discutir a inclusão escolar. Foram realizadas várias formações descentralizadas, ou seja, no próprio espaço da unidade escolar. Muitas escolas já previam, em seu projeto político-pedagógico, a formação em inclusão escolar com o objetivo de discutir outra forma de organizar as escolas.

Fui, também, chamada por diversas unidades escolares para discutir com os professores a inclusão escolar. A professora Bete Tomasini foi outra parceira indispensável nesse processo de ida às escolas, realizando reflexões sobre a escola inclusiva nas reuniões pedagógicas dos professores.

Para encerrar o ano de 2002, foram realizados dois ciclos de debates: Caminhos Pedagógicos da Inclusão e Educação de Surdos. Do ciclo de debates Caminhos Pedagógicos da Inclusão participaram as professoras Maria Teresa Eglér Mantoan, Elaine Cristina de Matos Fernandes Perez – chefe de Seção de Planejamento e Apoio Pedagógico da Secretaria Municipal de Educação de Sorocaba – e Rosana Melli – supervisora Pedagógica do Colégio Dom José Lafayette Ferreira Lima da cidade de Bragança Paulista (SP). Esse ciclo teve também a participação dos professores da rede de ensino de Florianópolis e a participação de professores e gestores de outras redes de ensino, ampliando para a cidade de Florianópolis as reflexões sobre inclusão escolar.

O ciclo de debates Educação de Surdos teve por objetivo trazer vários debatedores para esclarecer propostas educacionais referentes à inclusão do aluno surdo. Participaram desse Ciclo, no período matutino, as professoras Sandra Lúcia Amorim – da Associação de Surdos de Florianópolis –, Idavânia Maria de Souza Basso – que estava realizando pesquisa de mestrado na área –, Rosimar Bertolini Poker – da Universidade Estadual Paulista e que realizou pesquisa de doutorado na área – e eu, como representante da Secretaria Municipal de Educação de Florianópolis. No período vespertino, a mesa foi formada pelas professoras Maria Teresa Eglér Mantoan – da Universidade Estadual de Campinas (SP) –, Ronice Muller de Quadros – da Universidade Federal de Santa Catarina – e Anahí Guedes de Mello – representando os surdos oralizados. O ciclo foi bastante tumultuado em razão das divergências de posições teóricas e de diferentes encaminhamentos em relação à educação de surdos, questão que detalharei mais adiante.

As formações para o ensino regular continuaram em 2003. Como os professores da Educação Infantil já haviam ouvido a professora Bete Sá em 2002, em 2003 tiveram a formação continuada com a professora Maria Teresa Eglér Mantoan.

No meio da história

Também em 2003 recebemos a visita do professor canadense Jean-Robert Poulin, que nos contou a experiência da inclusão escolar na cidade de Québec, fez algumas reflexões sobre inclusão escolar e realizou visitas em várias escolas para observar a dinâmica de trabalho da rede. Ainda em 2001, recebemos a visita de Helena Baron – mãe de adolescente com autismo e que vive em Clermont-Ferrant, uma cidade francesa –, que também nos contou as experiências de seu movimento pelas crianças autistas na França, desenvolvendo um trabalho de conscientização e acolhimento das famílias envolvidas.

Em 2004, organizamos mais formações para os professores do ensino regular, dessa vez, enfatizando o estudo da deficiência mental, pois ainda não havia, para os professores, um entendimento claro sobre a aprendizagem dessas crianças, principalmente em relação aos casos considerados graves. A professora Maria Teresa Eglér Mantoan esteve com os docentes da rede para essa discussão.

Outra formação interessante em 2004 ocorreu entre engenheiros, arquitetos e técnicos em edificações da Secretaria de Educação e diretores escolares. O Desenho Universal foi o tema da discussão, coordenada pelas professoras Marta Dischinger e Vera Helena Bins – ambas do projeto Desenho Universal nas Escolas. Os diretores escolares apresentaram para os profissionais responsáveis pela construção das escolas as necessidades de acessibilidade arquitetônica de seus alunos, e as professoras Vera e Marta fundamentaram a discussão com base nos princípios do Desenho Universal. Durante o curso foram distribuídas planilhas que tinham por objetivo avaliar as dependências da escola e registrar as necessidades de acessibilidade arquitetônica. Não foi fácil a discussão! Tais quais os professores, os engenheiros e os arquitetos alegavam a falta de formação em seus cursos de graduação para trabalhar com a diferença.

A formação foi introdutória, porém um ponto de partida para a conscientização desses profissionais.

Outro curso realizado, que demonstrou a parceria entre os professores especializados e os professores das salas informatizadas, foi a formação continuada em elaboração de hipertextos e sua utilização pedagógica, com

No meio da história

a professora Susie de Araújo Campos Alcoba, da Unicamp. O objetivo do evento foi construir páginas hipertextuais para a *web* e oferecer aos professores uma visão das potencialidades dessa atividade para o processo de ensino e aprendizagem.

Enfim, constatei que a formação continuada deveria trazer à tona as necessidades dos professores quanto à aprendizagem de todos os alunos, de modo a aperfeiçoar suas práticas escolares, pela investigação do ensino que vem sendo organizado nas

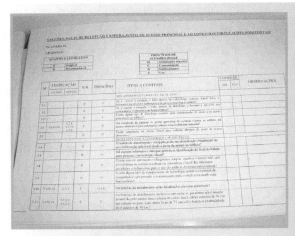

FIGURA 6 – Planilha de avaliação das situações de acessibilidade arquitetônica nas escolas

escolas. A formação para os professores não poderia, dessa forma, ter como eixo condutor o conhecimento especializado, competência a ser adquirida pelos professores especializados.

Sistemas inclusivos – envolvendo outros parceiros

A formação em educação inclusiva não se restringiu aos professores da rede regular de ensino de Florianópolis. Outras esferas educacionais necessitavam de atualização e aprofundamento sobre o tema. Seria importante disseminar a concepção inclusiva por outras esferas educacionais e sociais, pois isso teria uma repercussão sobre todas as crianças e jovens da capital catarinense.

Em 2002, participei de um grupo formado por várias entidades educacionais, entre elas as instituições especializadas e as escolas especiais, que organizavam a tradicional Semana da Pessoa Portadora de Deficiência, abrangendo Florianópolis e vários municípios vizinhos. Trata-se de um evento que acontece em várias regiões brasileiras e tem por objetivo organizar palestras e atividades sobre a temática da deficiência.

No meio da história

Na primeira reunião com o grupo de organizadores, apresentei-me como coordenadora de Educação Especial da Secretaria Municipal de Educação de Florianópolis e disse que a instituição tinha interesse em colaborar na organização da "Semana". O grupo de organizadores ficou satisfeito com minha participação, pois havia cinco anos que a Secretaria de Educação não se envolvia na organização do evento.

Várias foram as reuniões com os representantes de diversas entidades para organizar o evento, que aconteceria em agosto. Nesses encontros, repassei ao grupo as discussões realizadas na rede de ensino de Florianópolis e as mudanças que estavam, gradativamente, acontecendo.

Nesse período, iniciei a discussão sobre inclusão e arrisquei dizer que a Semana necessitava de outros rumos, principalmente no que se referia à abertura oficial do evento, que seria realizada num *shopping* da capital, e que se restringiria a apresentações artísticas de crianças e de jovens com deficiência. Essa ação já não condizia com os princípios inclusivos. Por que só as crianças e jovens com deficiência? Por que não poderia ser uma apresentação artística que envolvesse outras crianças e jovens também sem deficiência?

Foi então que surgiu a primeira ideia para a abertura do evento: um desfile de modas. Inicialmente, foi uma ideia estranha; alguns membros do grupo, com atitudes protecionistas, não acreditaram na possibilidade do desfile. Com o apoio de muitos, principalmente pela inovação da apresentação artística, o evento, no entanto, foi realizado e teve como *slogan*: Rompa os padrões, a beleza está em todos.

Tivemos dificuldades no patrocínio das roupas, pois muitas lojas, principalmente as ligadas ao esporte, alegavam que não iam associar o esporte à deficiência, que esporte era sinônimo de saúde. Por outro lado, o empresário da loja de esportes que patrocinou o desfile pediu-nos que seu filho participasse como modelo. Na passarela, então, participaram não só modelos profissionais, mas também crianças e jovens com e sem deficiência.

O desfile foi um sucesso! Todos interagiram na passarela, e o público que apreciou pôde constatar que as diferenças compõem a condição humana, pôde perceber que o mundo se torna mais verdadeiro e humano quando todos são valorizados e interagem nos mesmos espaços, sem exclusões, sem mundo à parte, sem categorizações e padronizações. As crianças e os jovens com deficiência não ocupavam os palcos sozinhos dessa vez.

O desfile resultou em uma sessão de fotos de estúdio a convite da fotógrafa Rosane Lima. Essas fotos tiveram como objetivo a publicação de uma revista que está, ainda, em processo de edição.

A Semana prosseguiu com um ciclo de palestras e de outras atividades nas instituições educacionais, disseminando a concepção inclusiva para instituições educacionais e sociais.

Em 2003, a "Semana" foi organizada na mesma ordem. Dessa vez, para a abertura foi organizado um espetáculo de dança inclusiva, que contou com a participação da Academia Dançar de Florianópolis. Vários tipos de coreografias foram apresentados, com a participação de dançarinos e de crianças e jovens com e sem deficiência. Organizada dessa forma, a Semana da Pessoa Portadora de Deficiência passou a ser chamada Semana da Sociedade Inclusiva.

As ações de disseminação da concepção inclusiva para além da rede de ensino de Florianópolis continuaram. Agora, em parceria com o Ministério de Educação que, por sua vez, por meio da Secretaria de Educação Especial, lançou o Programa Educação Inclusiva: Direito à Diversidade. Com esse Programa, o Ministério tinha como propósito disseminar a política de construção de sistema educacional inclusivo e apoiar o processo de implementação desse projeto nos municípios brasileiros.

Para tanto, adotou, então, o sistema de multiplicação piramidal, ou seja, elegeu 114 municípios-polo brasileiros, que formaram a base desse sistema. O Estado de Santa Catarina contou com cinco municípios-polo: Florianópolis, Blumenau, Caçador, Criciúma e Chapecó. Cada município-polo responsabilizou-se pela organização de um Curso de Formação para Gestores e Educadores dos municípios de sua abrangência.

Em novembro de 2003, participei do I Seminário Nacional de Formação de Gestores e Educadores em Brasília, cujas três grandes linhas de ação foram a fundamentação filosófica e técnico-científica da política de educação inclusiva, a difusão de conhecimento sobre a educação inclusiva e a disseminação da política de educação inclusiva para os municípios brasileiros. Tive como propósito dessa participação receber formação e orientações para a realização do I Seminário de Formação de Gestores e Educadores para os municípios de abrangência de responsabilidade da Secretaria Municipal de Educação, para a qual contei com a parceria da FCEE.

FIGURA 7 – Palestra da
Dra. Eugênia Augusta Gonzaga Fávero

A Secretaria Municipal de Educação de Florianópolis assinou, então, a Carta de Adesão ao Programa e o Termo de Compromisso, encaminhando-os ao Ministério da Educação e responsabilizando-se pelo recebimento dos recursos financeiros oriundos do MEC e pela organização do curso. Assim, em setembro de 2004 o Curso de Formação de Gestores e Educadores foi realizado, em Florianópolis, para os vinte municípios de abrangência, contando com dois representantes de cada município. Também foi realizada uma segunda etapa do curso para gestores e educadores das redes de ensino municipal, estadual, federal e particular de Florianópolis.

Vários estudiosos e defensores do movimento inclusivo proferiram as palestras e as conferências e as discussões geraram um grande impacto nos participantes. Foi um encontro conturbado! Mais uma vez a história se repetia no sentido da resistência, das dúvidas e das divergências sobre o tema, principalmente quanto à questão da ressignificação da educação especial.

FIGURA 8 – Palestra da Profa. Dra. Maria Teresa Eglér Mantoan

A discussão trouxe à tona mais uma vez o acesso à educação escolar das crianças e dos adolescentes com deficiência

No meio da história

como um direito indisponível e o caráter complementar da Educação Especial não substitutivo do ensino regular. Assim, as escolas especiais deveriam providenciar a matrícula de seus alunos no ensino regular, principalmente no Ensino Fundamental, que é obrigatório, e assumir seu papel de atendimento educacional especializado.

Representantes de instituições especializadas e de escolas especiais, entretanto, retiraram-se do encontro em protesto aos palestrantes que defendiam o direito de todas as crianças ao Ensino Fundamental obrigatório e à educação escolar como função das escolas regulares e não da escola especial.

> Os educandos com deficiência devem ter acesso ao Ensino Fundamental como qualquer outra criança ou adolescente, devem ter esse acesso a partir dos 07 (sete) anos de idade, sem prejuízo dos apoios, instrumentos e conhecimentos ligados à Educação Especial ou atendimento educacional especializado. Estes devem ser oferecidos de forma complementar, concomitantemente ou não, e não substituem o Ensino Fundamental. (FÁVERO, 2004, p. 60).

Se por um lado algumas pessoas se retiraram do encontro, outras permaneceram e se envolveram nas discussões. A Secretária Municipal de Educação de Florianópolis da época foi um exemplo desse envolvimento quando afirmou, na mesa de abertura do evento, que não acreditava no que eu – coordenadora da Educação Especial – dizia sobre inclusão, mas que o tempo e a inclusão de crianças com deficiência na rede tornaram-na uma defensora do movimento inclusivo, mesmo com as dificuldades inerentes à implementação de políticas educacionais nesse sentido.

O encontro foi um marco na construção da educação inclusiva no Estado de Santa Catarina, especialmente no município de Florianópolis, fazendo que a história seguisse um rumo surpreendente.

> Uma instituição especializada, ou escola especial, é assim reconhecida justamente pelo tipo de atendimento que oferece, ou seja, o atendimento educacional especializado. Logo, as escolas especiais não podem ser substitutivas, mas complementares à escola comum regular. E, ainda, conforme a LDBEN, artigo 60, as instituições especializadas são aquelas com atuação exclusiva em Educação especial, "para fins de apoio técnico e financeiro do poder público". (FÁVERO, 2004, p. 86).

Um dos fatos mais marcantes aconteceu no final de 2004, quando a Apae de Florianópolis fez que a matrícula na escola

No meio da história

FIGURA 9 – Fisioterapeuta Rita Bersch explanando sobre a Tecnologia Assistiva

especial estivesse condicionada à frequência dos alunos com deficiência em idade escolar na rede regular de ensino. Outro encaminhamento dado pelos profissionais da Apae de Florianópolis foi o estudo do redimensionamento da estrutura e do funcionamento de sua proposta educacional. Os profissionais – os mesmos que se retiraram do seminário de agosto de 2004 – estavam envolvidos numa luta constante de defesa e apoio à inclusão. Mesmo os profissionais mais receosos do acesso dessas crianças ao ensino regular não deixaram de dar seu apoio às escolas regulares, assim como constantes esclarecimentos aos pais.

Os alunos com deficiência que nunca frequentaram o ensino regular chegaram em 2005 às salas de aula comuns. A Apae de Florianópolis, por sua vez, envolveu-se nesse processo e apoiou e assessorou as escolas da rede, acompanhando sistematicamente o ensino regular.

Simultaneamente, várias reuniões foram realizadas com a Coordenadoria de Educação Especial da Secretaria de Educação, com os profissionais da Apae de Florianópolis e com os professores especializados da rede com o fim de discutir os caminhos para melhor atender às necessidades dos alunos com deficiência. Foi uma parceria fantástica entre rede regular de ensino e escola especial.

Em 2005, foi lançado o II Seminário de Formação de Gestores e Educadores, no qual outras temáticas da inclusão foram abordadas. Numa única etapa de quarenta horas, estiveram presentes os representantes das secretarias municipais de ensino de vinte municípios catarinenses e os das redes de ensino de Florianópolis. Novamente o curso contou com inúmeros e renomados palestrantes. A Apae de Florianópolis também fez parte do grupo de expositores do evento, envolvendo o público com o relato de expe-

No meio da história

riência – proferido pela professora Maria Lúcia Vernet de Gonçalves – da possível parceria entre escola regular e escola especial. Abordarei os detalhes desse relato de experiência mais adiante.

Como podemos perceber, essas redes de formação sobre a educação inclusiva foram nos conduzindo para as redes de fazeres. A prática inclusiva requer persistência e confiança na transformação. Essa conexão do pensar e do fazer possibilitou

FIGURA 10 – Aluno com baixa visão aprendendo a usar o recurso óptico e o plano inclinado

práticas escolares consistentes e inovadoras. Foram os sujeitos do cotidiano que garantiram êxito nas experiências educacionais e deram vida à proposta educacional inclusiva.

A formação dos professores e dos gestores continua atrelada às ações que implicam transformações da prática escolar, decisões políticas governamentais e "artes de fazer inclusão" desses parceiros, do ensino regular e do ensino especial, indispensáveis ao sucesso de um trabalho de inclusão. Os feitos humanos, assim, vão fazendo história, e esta, é claro, continua...

O ATENDIMENTO EDUCACIONAL ESPECIALIZADO – UMA OUTRA EDUCAÇÃO ESPECIAL É POSSÍVEL

Para transformar os serviços de educação especial da rede regular de ensino de Florianópolis, foi preciso entender seu caráter complementar à educação escolar. Sendo complemento, tivemos de definir quais serviços seriam necessariamente diferentes da educação escolar para melhor atender às necessidades específicas dos alunos com deficiência, provendo-os, principalmente, de recursos de acessibilidade que eliminassem as barreiras de comunicação, de informação, de locomoção, entre outros que impedem o acesso ao conhecimento e ao ambiente escolar.

A Educação Especial da rede precisava de uma profunda ressignificação de suas práticas. Assim, aos poucos foi perdendo o seu caráter substitutivo, o que não quer dizer que todos já a compreendam dessa forma. Para isso, a formação continuada não para; discute, incansavelmente, com os

> O fim gradual das práticas educacionais excludentes do passado proporciona a todos os alunos uma oportunidade igual para terem suas necessidades educacionais satisfeitas dentro da educação regular. O distanciamento da segregação facilita a unificação da educação regular e especial em um sistema único. Apesar dos obstáculos, a expansão do movimento da inclusão, em direção a uma reforma educacional mais ampla, é um sinal visível de que as escolas e a sociedade vão continuar caminhando rumo a práticas cada vez mais inclusivas. (STAINBACK & STAINBACK, 1999, p.44).

O atendimento educacional especializado

> A Lei de Diretrizes e Bases da Educação Nacional define a Educação Especial como modalidade de educação escolar, oferecida preferencialmente na rede regular de ensino, para educandos portadores de necessidades especiais (art. 58) e usa, indistintamente, os dois termos. A Constituição atual, no entanto, não usa o termo "Educação Especial", mas apenas "atendimento educacional especializado". Dessa forma, para que a LDBEN não seja considerada incompatível com a Constituição, é preciso entender-se Educação especial como modalidade de ensino que oferece o atendimento educacional especializado. (FÁVERO, 2004, p. 84).

professores em geral, os princípios da inclusão escolar. O processo é lento e apresenta muitas variantes. Vale a pena, no entanto, ver quanto os alunos com deficiência estão se beneficiando do atendimento educacional especializado.

Todo o itinerário de construção dessa nova educação especial teve por sustentação a perspectiva inclusiva e o aparato dos instrumentos legislativos – Constituição brasileira, LDBEN e Convenção da Guatemala. Com efeito, se a Constituição garante o ensino regular a todos, da mesma forma assegura o atendimento educacional especializado aos alunos com deficiência.

Nesse sentido, considero que os professores especializados e os do ensino regular, apesar das resistências comuns aos processos de mudança, esforçaram-se para acertar.

O primeiro eixo de transformação – como apresentei anteriormente – foi, de fato, a formação continuada dos professores, e o segundo, realizado concomitantemente, foi a organização progressiva dos serviços de atendimento educacional especializado.

A Educação Especial, na rede, passou a ser ministrada em salas multimeios e pelo Centro de Apoio Pedagógico de Atendimento à Deficiência Visual, por convênios com instituições especializadas e escolas especiais, parcerias, projetos de acessibilidade, aquisição de materiais e equipamentos especializados, contratação de intérpretes e professores de Libras e auxiliares de turma.

Salas Multimeios

As salas multimeios são espaços localizados nas escolas de rede municipal de ensino de Florianópolis para a realização do atendimento educacional especializado. Foram gradativamente ampliadas de nove para 11 salas e, em 2005, para 12 salas. Elas se situam em escolas-polo, atendendo a escolas de sua abrangência que não têm esta sala. São constituídas de mobiliário para atendimento ao aluno e produção de material pelo professor especializado, de materiais e equipamentos, jogos pedagógicos, recursos da Tecnologia Assistiva, entre outros.

O objetivo da rede municipal de ensino de Florianópolis é ampliar o número de salas multimeios para que os alunos com deficiência possam ter o atendimento educacional especializado na própria escola.

Nessas Salas, as crianças com deficiência são atendidas no turno oposto ao da sala de aula comum. O professor especializado, que nela atua, realiza a identificação de habilidades e dificuldades funcionais de cada criança com o objetivo de elaborar um plano de atendimento para que os recursos sejam providenciados, os materiais sejam produzidos e o atendimento à criança realizado.

As Salas Multimeios disponibilizam um conjunto de serviços, recursos e estratégias, com base na Tecnologia Assistiva, que auxiliam na eliminação de barreiras funcionais, promovendo participação dos alunos nas atividades escolares. O trabalho que nela se realiza é constantemente ampliado e aprimorado por meio de estudos, de pesquisas com outras áreas do conhecimento.

A seguir, descrevo as atribuições das salas multimeios, de acordo com a área de deficiência específica.

Cegueira

As salas multimeios realizam uma série de atividades que visam à inclusão dos alunos cegos ao ensino regular. Essas atividades requerem, como já vimos, a formação dos professores em atendimento educacional especializado e também a aquisição e a produção de materiais adequados às necessidades pedagógicas dos alunos com deficiência.

Nessas salas, os professores especializados devem:
a) ensinar o Sistema Braille;

O atendimento educacional especializado

FIGURA 11 – Professora especializada ensinando o aluno cego a fazer uso da máquina de escrever Braille na sala multimeios

b) realizar atividades de Orientação e Mobilidade – O. M., que consistem em um conjunto de técnicas para que os alunos, o mais cedo possível, possam ter a habilidade de se deslocar de uma posição para a outra e estabelecer as relações com os objetos que compõem seu dia a dia;

c) ensinar Atividades da Vida Diária – A.V.D., que consistem nas inúmeras e diversas tarefas do cotidiano;

d) promover o uso de ferramentas de comunicação: sintetizadores de voz para ler e escrever via computador;

e) ensinar a técnica do *sorobá*;

f) promover técnicas de rastreamento e de locomoção com guia vidente dentro do ambiente escolar;

g) realizar a transcrição de materiais do Braille para tinta e da tinta para o Braille;

h) providenciar texto escrito em formato digital e produzir áudio-livro.

FIGURA 12 – Aluno cego aprendendo a usar o leitor de tela com o professor da sala multimeios

Nelas é feita a adequação de materiais didático-pedagógicos em parceria com os profissionais do CAP.

O encaminhamento dos alunos para os serviços de avaliação visual implica o estabelecimento de parcerias com a área da saúde.

O atendimento educacional especializado

Baixa visão

Para os alunos com baixa visão, as salas multimeios desenvolvem uma série de atividades que requerem conhecimento sobre os recursos existentes para esse fim e sua utilização.

As atividades são:

a) o ensino do uso dos recursos ópticos e não ópticos, que são instrumentos ou adequações que facilitam o processo

FIGURA 13 – Aluno com baixa visão aprendendo a usar o teclado com caracteres ampliados

de aprendizagem dos alunos com baixa visão e que devem ser recomendados por um oftalmologista (os recursos ópticos são lentes que auxiliam a visão desses alunos e vão desde lupas manuais a lupas eletrônicas; os não ópticos referem-se às adaptações, como cadernos que possuem linhas traçadas de forma escura e com mais espaçamento entre as linhas e uso de lápis 6B ou 3B, que auxiliam na escrita; textos com escrita ampliada; iluminação adequada; canetas hidrográficas que permitem contraste, entre outros);

b) estimulação do resíduo visual com a utilização de materiais diversificados e adequados que devem ter cores fortes e contrastantes;

c) as adequações em tinta;

d) o encaminhamento para a avaliação funcional;

FIGURA 14 – Aluno com baixa visão aprendendo a usar um recurso óptico

125

O atendimento educacional especializado

e) a ampliação de fontes;
f) a produção de materiais com contraste visual;
g) a produção de materiais didáticos e pedagógicos adequados ao tipo de visão.

Nelas também são produzidos materiais didático-pedagógicos em parceria com os profissionais do CAP.

O encaminhamento dos alunos para serviços de avaliação visual permite aos professores das salas multimeios saber qual é o melhor recurso a se utilizar com o aluno com baixa visão.

Deficiência física

As atividades desenvolvidas pelas Salas Multimeios visam possibilitar aos alunos com deficiência física a autonomia, a segurança e a comunicação, para que possam ser inseridos em turmas do ensino regular. Não basta, contudo, adquirir para esse fim materiais e equipamentos especializados industrializados; é importante que estabeleçamos parcerias com outras áreas tais como: arquitetura, engenharia, terapia ocupacional, fisioterapia, fonoaudiologia, entre outras, para que desenvolvamos materiais didáticos adequados a estes alunos. É de fundamental importância que os professores das Salas Multimeios que atendem a todos os tipos de deficiência conheçam os materiais já existentes e desenvolvam outros.

Nessas Salas os professores se dedicam a:

a) ensinar a Comunicação Aumentativa e Alternativa, para

FIGURA 15 – Pasta de Comunicação Aumentativa e Alternativa – CAA

O atendimento educacional especializado

atender às necessidades dos alunos com dificuldades de fala e de escrita funcional;
b) adequar os materiais didático-pedagógicos, tais como engrossadores de lápis, plano inclinado, quadro magnético com letras com ímã fixado, tesouras adaptadas, entre outros;
c) desenvolver projetos em parceria com profissionais da arquitetura, terapia ocupacional, engenharia, entre outros para promover a Tecnologia Assistiva;

FIGURA 16 – Aluna utilizando a prancha de comunicação em sala de aula

d) desenvolver projetos em parceria com profissionais da arquitetura e engenharia para promover a acessibilidade arquitetônica. A acessibilidade arquitetônica não é uma responsabilidade exclusiva do professor especializado;
e) adequar recursos da informática: teclado, mouse, ponteira de cabeça, programas especiais, acionadores, entre outros;

FIGURA 17 – Professora da sala multimeios ensinando a Comunicação Aumentativa e Alternativa

f) Providenciar o mobiliário adequado em parceria com outros profissionais e instituições.
g) Providenciar recursos de auxílio da vida diária, como talheres, copos, entre outros em parceria com outros profissionais e instituições.

O atendimento educacional especializado

FIGURA 18 – Acionador

h) Providenciar os recursos de mobilidade: cadeira de rodas, andadores, entre outros em parceria com outros profissionais.

Surdez

O que descrevo a seguir corresponde ao resultado de muitas discussões na tentativa de incluir alunos surdos nas salas de aula comuns da rede regular de ensino. Há, todavia, muito ainda por fazer e aprimorar, de modo que a escola possa atender efetivamente a esses alunos.

O atendimento educacional especializado, no caso da surdez, consiste em:
a) promover o aprendizado da Língua Brasileira de Sinais (Libras), para alunos surdos que optaram por aprendê-la. O ensino da língua de sinais é feito pelo professor de Libras;

FIGURA 19 – Cadernos com ilustrações da LIBRAS

b) coordenar, juntamente com o professor de Libras, cursos de formação, para serem realizados nas unidades escolares;
c) promover o aprendizado da Língua Portuguesa na modalidade escrita. É preciso levar em conta vários estudos sobre a aquisição dessa língua pelo aluno surdo;
d) promover conceitos básicos do conhecimento escolar em Libras;
e) encaminhar para os serviços de fonoaudiologia os alunos surdos que optarem pelo sistema de oralização;

f) adequar materiais didático-pedagógicos que promovam experiências visuais de ensino aos alunos surdos;

g) estabelecer parceria com a área de saúde para que as avaliações auditivas e tecnologias que melhoram a capacidade auditiva sejam providenciadas.

Existem duas formas principais de comunicação para os alunos surdos: a Libras ou a oralização. Há os que se comunicam das duas formas, os que preferem somente a Libras e rejeitam a oralização e os que preferem a oralização, rejeitando a Libras. Independentemente da opção que o aluno surdo faça, a escola deve providenciar as duas formas de comunicação. No caso da oralização, contamos com os serviços de fonoaudiologia. A fonoaudiologia no serviço público é ainda muito incipiente e necessitamos aprimorá-la, estabelecendo convênios com a Secretaria Municipal de Saúde. Embora contemos com alguns postos de saúde que possuem esse serviço, eles não são suficientes para atender a demanda. Reconheço que outros profissionais, além dos fonoaudiólogos, poderão vir a trabalhar com a oralização dos alunos surdos; essa é uma discussão que necessita iniciar o mais rápido possível.

FIGURA 20 – Alunos surdos aprendendo a Língua Portuguesa

FIGURA 21 – Material para o ensino da Língua Brasileira de Sinais

O atendimento educacional especializado

> O atendimento educacional especializado para as pessoas com deficiência mental está centrado na dimensão subjetiva do processo de conhecimento, complementando o conhecimento acadêmico e o ensino coletivo que caracterizam a escola comum. O conhecimento acadêmico exige o domínio de um determinado conteúdo curricular; o atendimento educacional especializado, por sua vez, refere-se à forma pela qual o aluno trata todo e qualquer conteúdo que lhe é apresentado e como consegue significá-lo, ou seja, compreendê-lo. (BATISTA & MANTOAN, 2005, p. 19).

> As barreiras da deficiência mental diferem muito das barreiras encontradas nas demais deficiências. Trata-se de barreiras referentes à maneira de lidar com o saber em geral, o que reflete preponderantemente na construção do conhecimento escolar. Por esse motivo, a educação especializada, realizada nos moldes do treinamento e da adaptação, reforça a condição de deficiente desse aluno. [...] Assim sendo, o aluno com deficiência mental precisa adquirir, através do atendimento educacional especializado, condições de passar de um tipo de ação automática e mecânica diante de uma situação de aprendizagem/experiência para um outro tipo, que lhe possibilite selecionar e optar por meios mais convenientes de atuar intelectualmente. (BATISTA & MANTOAN, 2005, p. 17-18).

Deficiência mental

Há uma maior compreensão do atendimento educacional especializado quando se refere aos alunos surdos, cegos, com baixa visão ou com deficiência física. É mais difícil, todavia, quando se refere aos alunos com deficiência mental.

O atendimento educacional especializado para os alunos com deficiência mental não deverá cair nos equívocos da normalização.

O objetivo da coordenadoria foi esclarecer o significado que se atribui hoje ao atendimento educacional para a deficiência mental, por meio de parcerias, estudos, formações e discussões. Estamos buscando uma definição para o atendimento educacional especializado para a deficiência mental que atenda aos princípios inclusivos.

Simultaneamente à redefinição das práticas do ensino especial, devemos reconhecer que os alunos têm diferentes tempos e diferentes maneiras de aprender. O que ocorre é que, na busca de uma homogeneização da aprendizagem, excluímos muitos alunos com e sem deficiência mental por não corresponderem às exigências de desempenho escolar.

Não só os professores, mas também toda a comunidade escolar, precisa ser esclarecida a respeito do que é próprio do processo de escolarização e do que compete ao atendimento educacional especializado, de forma que a escola garanta a

O atendimento educacional especializado

todos os alunos com deficiência os direitos explicitados pela Constituição Federal/88 e pela LDBEN/96.

O atendimento educacional especializado deverá ser organizado de forma que promova ao aluno com deficiência mental a possibilidade de sair de uma posição passiva e automatizada diante do conhecimento para o acesso e apropriação ativa do próprio saber. É fundamental desenvolver atividades em que o aluno seja sujeito ativo do conhecimento e que resgate a autonomia e a criatividade perdidas nas práticas especializadas de treinamento.

CENTRO DE APOIO PEDAGÓGICO PARA ATENDIMENTO ÀS PESSOAS COM DEFICIÊNCIA VISUAL (CAP)

O CAP é o resultado de uma parceria entre a Secretaria Municipal de Ensino de Florianópolis, o Ministério da Educação (MEC), a Associação Brasileira de Educadores de Deficientes Visuais (Abedev) e a Associação Catarinense para Integração da Pessoa Cega (Acic). Objetiva promover o serviço educacional especializado, para a inclusão escolar dos alunos cegos ou com baixa visão na rede regular de ensino de Florianópolis.

As ações desenvolvidas pelo CAP estão distribuídas em Núcleos:

Núcleos de Apoio e Núcleo de Produção Braille

Esses dois núcleos compõem-se de salas equipadas com computadores, impressora Braille e a laser, fotocopiadora, gravador e fones de ouvido, circuito interno

FIGURA 22 – Professores do CAP preparando materiais didático-pedagógicos

131

O atendimento educacional especializado

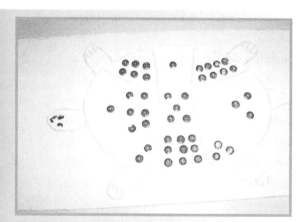

FIGURA 23 – Tartaruga feita em alto relevo para aluno cego

de TV e máquina de datilografia Braille. Têm como proposta principal a geração de materiais didático-pedagógicos como livros e textos em Braille, ampliados e sonoros, para distribuição aos alunos matriculados no ensino regular, bem como a organização de espaços educacionais que sirvam de apoio aos alunos com baixa visão. Produzem, ampliam mapas, gráficos, tabelas, textos e, sempre que necessário, realizam empréstimo de materiais pedagógicos e de acessibilidade para apoio aos professores, alunos e comunidade.

O CAP conta com o Programa Nacional do Livro Didático, que distribui livros didáticos e paradidáticos em Braille aos alunos cegos da Educação Básica.

O CAP não realiza atendimento ao aluno porque entende que este deve ser feito nas salas multimeios que é o lugar próximo de onde o aluno estuda.

Núcleo de Formação

Esse núcleo realiza cursos de formação continuada de professores em serviço e oferece orientações para toda a comunidade escolar, promovendo conhecimento sobre o Sistema Braille, *sorobã*, materiais didático-pedagógicos e recursos de acessibilidade, entre outros.

O processo de implementação do CAP teve início em 2001 e foi inaugurado em 2003, começando os trabalhos necessários aos alunos cegos e com baixa visão, e está normatizado pela Portaria n°. 31/2002.

Recursos financeiros

Todo ano é realizado um planejamento orçamentário para a aquisição de materiais de consumo, de materiais pedagógicos e equipamentos de acessibilidade, de consultorias e formação continuada, por meio de:
a) plano orçamentário de recursos próprios da Prefeitura de Florianópolis;
b) plano de trabalho anual de recursos do Ministério da Educação – PTA/MEC.

A Secretaria Municipal de Educação computa, nos gastos gerais, os materiais adequados e necessários aos alunos com deficiência, pois é seu dever oferecer uma estrutura adequada a eles.

Convênios com escolas especiais e instituições especializadas

A Apae de Florianópolis e a Escola Especial Vida e Movimento, exemplos de convênios com a Secretaria, em cumprimento à Constituição e à Convenção da Guatemala, providenciaram para seus alunos com deficiência, na idade de 7 a 14 anos, a matrícula no Ensino Fundamental na rede regular de ensino.

Demonstrando um grande compromisso com a inclusão das crianças com deficiência, sobretudo daquelas que nunca frequentaram o ensino regular, a Apae ofereceu amplo apoio e assessoria às escolas da rede, que não se mostraram resistentes à matrícula e à permanência dos alunos, principalmente das crianças com autismo e das consideradas com "deficiência mental grave".

Desenho Universal – Acessibilidade Arquitetônica

Com base nos princípios do Desenho Universal, da Lei nº. 10.098/00 e do Decreto 5.296/04, toda escola deve promover ambiente acessível, eliminando as barreiras arquitetônicas e adequando os espaços que atendam à diversidade humana.

O atendimento educacional especializado

Nas escolas da rede municipal de ensino, para atender à necessidade de criar espaços acessíveis, foi realizado um estudo em parceria com o grupo de Desenho Universal do Departamento de Arquitetura e Urbanismo da Universidade Federal de Santa Catarina. O estudo analisou cinco escolas diferentes, criando espaços adequados para a inclusão dos alunos com deficiência.

A conclusão do estudo resultou na edição de um documento orientador que permite aos profissionais da educação e aos profissionais da engenharia e da arquitetura a compreensão de conceitos de acessibilidade ao espaço físico. O documento apresenta soluções de necessidades específicas provenientes do estudo de diferentes escolas e do estudo de ocupação das escolas por pessoas de variadas deficiências.

O documento orientador, intitulado "Desenho Universal nas escolas: acessibilidade na rede municipal de ensino de Florianópolis", tem por objetivo orientar o desenvolvimento de projetos arquitetônicos para as escolas da rede municipal de ensino, de forma que seus espaços escolares sejam verdadeiramente inclusivos. O documento não traz modelos de adequações físicas, mas traz os princípios do Desenho Universal, fazendo que a comunidade escolar e os engenheiros, os arquitetos e os técnicos, possam realizar projetos escolares a fim de garantir a permanência dos alunos na rede regular de ensino.

Os ambientes acessíveis não promovem apenas bem-estar para as pessoas com deficiência, mas também contemplam e atendem a toda a gama de diferenças humanas.

Os professores das salas multimeios e os diretores escolares acompanharam esse processo de estudo. Contudo, ressalto, as escolas da rede ainda se encontram em processo de adequação arquitetônica. Novos projetos em parceria com o grupo de Desenho Universal do Departamento de Arquitetura e Urbanismo da Universidade Federal de Santa Catarina estão sendo elaborados com o objetivo de adequar os espaços das escolas já construídas e orientar os novos projetos escolares com base em desenhos acessíveis.

No campo da engenharia e da arquitetura, ainda existe muita desinformação referente ao Desenho Universal e às leis que garantem a acessibilidade arquitetônica. O município deve promover formação continuada também aos profissionais da engenharia e da arquitetura, visando ao conhecimento do desenho universal e à conscientização de que escolas acessíveis são um direito garantido por lei.

O projeto Desenho Universal teve a duração de quatro anos e, devo reconhecer, significou um ponto de partida fundamental para a compreensão da acessibilidade arquitetônica.

Parcerias

As parcerias com profissionais de diversas áreas foram de fundamental importância para garantir o acesso dos alunos com deficiência ao ensino regular – fisioterapia, terapia ocupacional, fonoaudiologia, biologia, engenharia e arquitetura, entre outras.

São também nossas parceiras a UFSC, que desenvolveu os projetos Desenho Universal nas Escolas e Brinquedos Acessíveis e ofereceu curso de Libras; a Associação Catarinense de Cegos, que nos apoiou na implementação do CAP e ofereceu formação na área visual; e o Ministério da Educação, que promove o Programa Educação Inclusiva: direito à diversidade, bem como entregou *kits* para alunos com baixa visão e cegos, livros transcritos para o Braille, CDs de histórias infantis em Libras, *kits* de Orientação e Mobilidades e material didático para estudo sobre inclusão.

FIGURA 24 – Maquete de uma sala de aula, desenvolvida pelos alunos de arquitetura

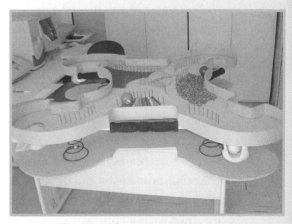

FIGURA 25 – Jogo para as aulas de Educação Física, envolvendo a participação de alunos com deficiência

O atendimento educacional especializado

FIGURA 26 – Jogo cara a cara, adequado para a participação dos alunos com deficiência

Outras parcerias estão se consolidando para permitir que o atendimento educacional especializado se concretize e se aperfeiçoe na rede.

Essas parcerias promovem o conhecimento interdisciplinar, permitem aprofundar e lançar novas propostas de atendimento, dão sugestões de aquisição de materiais e equipamentos especializados, promovem formação para a comunidade escolar e, sobretudo, facilitam o acesso de alunos com deficiência às escolas do ensino regular.

Intérprete/tradutor e professor da Língua Brasileira de Sinais

A Secretaria Municipal de Educação contrata professores intérpretes da Libras para as salas de aula com alunos surdos toda vez que uma criança surda tem o domínio da Língua de Sinais. Por se tratar, todavia, de uma profissão recente, existe uma discussão sobre a oficialização desses profissionais; assim, há dificuldades no processo de contratação. Os professores de Libras são profissionais contratados pela Secretaria para atuarem nas escolas da rede. Esses instrutores ministram cursos para a comunidade escolar em geral.

Tanto intérpretes da Libras quanto professores da Libras são profissionais recém-admitidos no quadro da Secretaria de Educação. Existem poucos deles e nem todos têm formação na área pedagógica, fato que dificulta ainda mais a contratação pela Secretaria Municipal de Educação. Há, contudo, um empenho das universidades em formar tais profissionais para o mercado de trabalho, só que isso exige um tempo de espera até que essa formação se conclua.

Para a rede municipal de ensino, a contratação desses profissionais corresponde a uma inovação, o que requer a avaliação sistemática dos serviços.

COORDENADORIA DE EDUCAÇÃO ESPECIAL

A Coordenadoria de Educação Especial não pode ser entendida como a única responsável pelo aluno com deficiência nem por todos os assuntos relacionados à aprendizagem desse aluno nas salas de aula do ensino regular, como há muito tempo ocorria. Ela tem a função de coordenar e acompanhar a atuação das salas multimeios e do CAP; realizar planejamento orçamentário para a aquisição de materiais e equipamentos de acessibilidade, promover formação continuada de professores para o atendimento educacional especializado, monitorar e avaliar as ações implementadas, realizar reuniões pedagógicas com os professores da educação especial, firmar parcerias com instituições e profissionais de diversas áreas, que possibilitam um ambiente menos restritivo aos alunos com deficiência que se encontram nas salas de aula comuns.

A Coordenadoria responsabiliza-se, assim, pelo atendimento educacional especializado complementar ao ensino regular.

Os serviços de educação especial organizados até então não foram o resultado de ações isoladas da Coordenadoria de Educação Especial, mas de ações conjuntas de todos os que compõem a rede municipal de ensino de Florianópolis: alunos, professores, gestores, pais e, também, profissionais de outras áreas e de instituições que nos acompanham nessa caminhada. Tais serviços não esgotaram ainda todas as possibilidades que têm e continuam em constante aprimoramento e transformação.

A HISTÓRIA NÃO TEM FIM

A história da rede municipal de ensino de Florianópolis, no período 2001-2004, foi marcada por uma forte convicção: o direito indisponível de todas as crianças à educação escolar. E é a inclusão que consolida esse direito. No caminho percorrido em direção a uma escola aberta às diferenças, todas as crianças e os jovens têm o direito de compartilhar os mesmos espaços escolares, ou seja, as escolas comuns, suas turmas e professores.

Não foi simples – e de fato não é – adotar uma concepção transformadora como a inclusão escolar, em razão dos longos anos de uma cultura escolar excludente. Para todos os profissionais da rede, a inclusão proporcionou uma maneira de pensar e de fazer uma educação escolar diferente. Com esse entendimento, construímos a história aqui narrada, constituída pela mudança de concepção educacional, pela formação dos professores especializados e dos da sala de aula comum, pelo entendimento de nosso ordenamento jurídico, pelas primeiras mudanças, pelos serviços de Educação Especial atuais, entre tantos outros fios puxados que "tecem uma rede escolar diferente para as diferenças". Nossa rede não tinha todas as soluções, embora a elas aspirasse. Tampouco tinha todas as condições, embora delas precisasse.

> Escola é o estabelecimento público ou privado onde se ministra, sistematicamente, ensino coletivo. O ensino coletivo é, portanto, pressuposto para ser "escola". Para não ser discriminatória e ter a coletividade como público, deve ser o local onde estudam os alunos do bairro, da comunidade, independentemente de suas características individuais. Só assim a escola será o espaço adequado e privilegiado da preparação para a cidadania e para o pleno desenvolvimento humano, objetivos a serem alcançados pelo ensino e previstos na Constituição Federal de 1988 (art. 205). (FÁVERO, 2004, p. 30).

A história não tem fim

> Sem dúvida, é a heterogeneidade que dinamiza os grupos, que lhes dá vigor, funcionalidade e garante o sucesso escolar. Por isso, devemos desconfiar das pedagogias que se dizem de bons propósitos, mas que desmembram as crianças em turmas especiais para favorecer a aprendizagem e o ensino. Precisamos conscientizar-nos de que as turmas escolares, queiramos ou não, são e serão sempre desiguais.
> Talvez seja este o nosso maior mote: fazer com que todos entendam que a escola é um lugar privilegiado de encontro com o outro. Este outro que é, sempre e necessariamente, diferente! (MANTOAN, 2002, p.23).

A rede, hoje, tem consciência de que a escola conservadora, responsável pelos altos índices de evasão e de repetência, não é ideal para nenhum aluno. Se os alunos sem deficiência não ficam em suas casas, esperando o dia de a escola se transformar para melhor, da mesma forma não é lícito ao aluno com deficiência permanecer em um sistema escolar à parte, esperando as mesmas mudanças ou preparando-se para se adaptar a essa escola cujo modelo já se esgotou.

Compartilhar os mesmos espaços escolares implica o reconhecimento e a valorização das diferenças. Eis aí a oportunidade que a escola tem de rever suas práticas excludentes.

É importante relembrar que o movimento inclusivo, em nossa rede, iniciou-se com o grupo da Educação Especial, mas não se encerrou nele. Os professores foram aos poucos entendendo a inclusão como um tipo de organização escolar que considera a pluralidade humana e não mais como uma questão relacionada unicamente à inserção de alunos com deficiência nas turmas regulares. Mesmo nos casos em que a deficiência é grave, os alunos não podem ficar restritos ao ensino especial, porque o professor dessa modalidade não substitui o da classe comum. Por isso, foi de extrema importância, nessa caminhada, definir as atribuições do professor especializado e as do professor da sala de aula comum, embora isso não tenha sido suficiente para que as mudanças desejadas ocorressem. O comprometimento dos gestores da Secretaria e dos gestores de instituições especializadas e de escolas especiais também influiu na consolidação de nossos propósitos.

A pesquisa me fez compreender, desde seus primeiros passos, que o ensino regular e o ensino especial precisavam mudar e caminhar juntos, rompendo com suas estruturas rígidas.

Hoje percebo que a história dos serviços de educação especial da rede foi tecida fio a fio, envolvendo desde os personagens que nos auxiliaram por meio de consultorias até os professores que se empenharam nessa luta, as escolas e as instituições especializadas, os profissionais de diversas áreas e os recursos financeiros, tão bem-vindos, sempre!

Minha imersão no cotidiano dos serviços de educação especial no contexto do ensino básico me fez ver a possibilidade de reinventar o fazer pedagógico, subvertendo a ordem racional hegemônica. É possível outro olhar, outras lógicas e outros entendimentos.

Passar para a lógica de ver o cotidiano múltiplo e complexo no lugar do linear e universal nos deixa perplexos e atordoados, mas aos poucos nos faz encontrar caminhos, faz-nos avançar. O cotidiano, então, é algo que se constrói a partir de sua localidade e de seu próprio movimento. Por isso mesmo, minha intenção neste estudo não foi trazer explicações gerais e universais. Pelo contrário, as minúcias, os detalhes, os pormenores, tão abandonados em nome de uma ciência do geral, deram-me pistas para entender a rede de significações que viveu e vive o fazer pedagógico da educação especial. Esses pormenores do cotidiano pareciam pedacinhos soltos que me davam a sensação de que tudo estava confuso, de que não existia conexão entre as situações; esses pedacinhos, porém, quando se encaixavam e formavam determinada configuração, compunham um belíssimo mosaico. São as combinações desses pedacinhos que fazem que cada um, cada rede de ensino, crie seu cotidiano singular e múltiplo.

> Buscando uma alternativa para o desenvolvimento de um outro conhecimento da escola e das práticas cotidianas daqueles que nela atuam, precisamos traçar um outro caminho: o da análise das práticas microbianas, singulares e plurais [...] (OLIVEIRA, 2001, p. 51).

Não valia o olhar generalizante de que a conjuntura não estava boa, de que a escola não tem jeito, de que ninguém faz nada mesmo como se tudo seguisse o mesmo curso, o mesmo tempo, o mesmo modo. O que valia era acreditar que as coisas podiam ser diferentes, que podíamos dar uma outra configuração aos serviços de educação especial. E nós, os praticantes do cotidiano, fizemos usos e táticas criativos, subvertendo as normas, as relações de poder dominante e a razão técnica, modificando todos que estão supostamente submetidos a uma conjuntura política hegemônica.

> Existe, portanto, fora daquilo que à ciência é permitido organizar e definir em função de estruturas e permanências, uma vida cotidiana, com operações, atos e usos práticos, de objetos, regras e linguagens, historicamente constituídos e reconstituídos de acordo e em função de situações, conjunturas plurais e móveis. (OLIVEIRA, 2001, p. 44).

Todos os serviços de Educação Especial são meios que asseguram ao aluno com deficiência a

A história não tem fim

continuidade de seus estudos no ensino regular. Foi com essa intenção que nos reestruturamos e fizemos acontecer a inclusão escolar na rede.

> No nível nacional, o progresso depende de vontade política, da alocação de recursos. Igualmente importantes são uma eficiente e relevante educação de professores e uma nova forma de parceria com os pais e com as agências da comunidade. No nível local e escolar, a chave da educação inclusiva repousa no acesso planejado a um currículo amplo e balanceado, concebido desde o início como um currículo para todos. (MITTLER, 2001, p. 40).

Esses meios, no entanto, não tiram a responsabilidade da grande tarefa dos professores de sala de aula: a escolarização. Os alunos surdos, mesmo com acesso à comunicação, sofrerão as consequências do ensino tradicional como qualquer outro aluno se esse ensino não for repensado e reorganizado. Os professores do ensino regular precisam ter clareza de que os intérpretes e os instrutores de Libras não os substituirão na tarefa de promover a educação escolar. O desafio de ensinar o surdo é do professor de sala de aula comum, assim como o de ensinar outros alunos com alguma deficiência.

As mudanças nos serviços de Educação Especial, dessa forma, requereram uma reforma de pensamento e de instituição. Foram feitas revisão e reestruturação do atendimento atrelado às práticas dos professores especializados em interação com as dos professores das salas de aula comuns.

Os caminhos da mudança fazem-se constantemente e não têm fim. Em alguns momentos eles são claros, certos; em outros, confusos e obscuros. São complexos, por momentos seguem atalhos, somem aos nossos olhos, apresentam-se de diversas formas. São, porém, os caminhos que nos fazem sair dos lugares fixos e avançar. Quando nos lançamos aos caminhos da mudança, é possível sair dos lugares instituídos. Nessa caminhada, nos encontramos com outras pessoas que nos ajudam e que se tornam nossas parceiras.

A Constituição Federal de 1988 e a Convenção da Guatemala de 1999 são marcos de nossa luta por uma escola plural, justa e democrática. A legislação é um mecanismo de mudança que, bem utilizado, nos lança a práticas que queremos que aconteça.

Nessa constante caminhada, surpreendi-me novamente quando, em 2005, fui convidada, pelo novo governo, a permanecer na função de coordenadora de Educação Especial na rede. O compromisso com a educação inclusiva não me permitiu recusar o convite. Na verdade, todas as

A história não tem fim

conquistas do período 2001-2004 propiciaram-me a continuidade dos projetos, e outras propostas se foram incorporando aos serviços de Educação Especial já existentes.

Nessa continuidade de minha coordenação, deparo com a organização do II Seminário de Educação Inclusiva: Direito à Diversidade – ocorrido em setembro de 2005 –, que foi uma demonstração de que deveríamos continuar na mesma direção e de que tinha valido a pena tudo o que havíamos passado antes. Relembro que esse Seminário confirmou nossa parceria com o MEC. O evento envolveu gestores e educadores de vinte municípios catarinenses, bem como representantes das redes de ensino de Florianópolis. Dessa vez, era notório que as pessoas estavam bem mais conscientes dos benefícios da inclusão escolar. E o mais interessante: os representantes das escolas especiais e das instituições especializadas não se retiraram do auditório, como ocorrera no seminário anterior. Os representantes da Apae local

FIGURA 27 – Escola aberta às diferenças – livro publicado em 2004

FIGURA 28 – Desenho Universal nas Escolas – livro publicado em 2004

proferiram uma das palestras mais emocionantes, relatando a experiência entre a rede municipal de ensino e a associação. Reconheceram, publicamente, o direito de acesso de todos os alunos com deficiência mental às

143

A história não tem fim

> O direito de todos à educação inclusiva é, sem dúvida, uma tarefa difícil, mas exequível. Precisamos ser capazes de desviar dos obstáculos que a escola tradicional coloca hoje para nos impedir o avanço das propostas de uma escola para todos, justa, democrática e aberta às diferenças.
> Cumprir o direito de todo o aluno ser incluído em uma turma escolar depende do que conseguirmos avançar nesses novos caminhos pedagógicos e do que formos deixando para trás, na caminhada. (MANTOAN, s/d, p.10).

escolas regulares e o benefício que esses educandos que nunca frequentaram as salas de aula comuns estavam usufruindo com a inclusão. Anunciaram também a proposta de estudar o atendimento educacional especializado para a deficiência mental a ser ministrado na Apae.

O relato dessa experiência motivou todos os presentes, porque mostrou o efeito produzido pela inclusão escolar no atendimento prestado por essa entidade que, tradicionalmente, segrega os alunos, limita e restringe o ensino, em suas classes e escolas especiais.

Finalmente, depois de longas e duras jornadas de resistências e dúvidas, o atendimento educacional especializado estava sendo mais compreendido. O sonho de todos estava se tornando realidade. E todos compartilharam comigo a emoção inevitável no encerramento do seminário, mas não no encerramento da luta a favor da inclusão escolar.

Foi aí que novamente percebi a possibilidade criadora dos "viajantes do ordinário" de que tanto nos fala Certeau e que quebram os lugares eternizados. O ensino especializado é terreno difícil, em que se estabelecem campos de luta entre regular e especial. Trata-se de um processo de consensos, de resistências, de acordos, de desacordos; o tempo todo nos inventamos e nos ensaiamos. Estamos, dessa forma, pouco a pouco, desaprendendo o modelo tradicional de Educação Especial.

> Diante de uma produção racionalizada, expansionista, centralizada, espetacular e barulhenta, posta-se uma produção de tipo totalmente diverso, qualificada como consumo, que tem como característica suas astúcias, seu esfarelamento em conformidade com as ocasiões, suas piratarias, sua clandestinidade, seu murmúrio incansável, em suma, uma quase-invisibilidade, pois ela quase não se faz notar por produtos próprios (onde teria o seu lugar?) mas por uma arte de utilizar aqueles que lhe são impostos. (CERTEAU, 1994, p. 94).

Nessa nova gestão municipal, os professores especializados continuam se atualizando em razão dos concursos e da abertura de outras salas multimeios. Projetos outros estão surgindo, como o de Tecnologia Assistiva e o

A história não tem fim

de ensino da Língua Portuguesa para surdos. Os recursos financeiros continuam a ser destinados ao aprimoramento dos serviços de Educação Especial, e cada vez mais os materiais e os equipamentos especializados estão sendo adquiridos, por exemplo, os que visam à Comunicação Alternativa e Aumentativa.

Esta história não tem mesmo fim... e não nos falta vontade de ir adiante, propondo outras inovações e redirecionamentos que aprimorem a educação escolar em suas modalidades de ensino regular e especial.

Minha intenção aqui foi mostrar que a construção de uma proposta é rica e dinâmica e que seus movimentos são singulares e complexos. Compreendi, assim, cada vez mais, que não há momentos definidos para atuar, que todo momento é momento e que a percepção não é tão simples quanto parece. É um ato complexo, e os cinco sentidos interagem em nome dela. E ela está totalmente relacionada com a forma como percebemos o mundo. Então, muitas vezes me perguntava se o que estava percebendo era realmente algo real ou era uma imagem formada por minha concepção do mundo. Então, tudo isso me levava a uma problematização permanente das ações implementadas do atendimento educacional especializado.

Pistas não faltavam para que eu as seguisse. Às vezes, determinadas questões que já estavam resolvidas voltavam a ser discutidas. Portanto, como numa rede, já havíamos percorrido vários pontos e caminhos e voltávamos à mesma discussão totalmente diferentes do que éramos. E não foram poucas as situações que já havia pensado ter resolvido e que me apareceram novamente em outro lugar, em outro momento. A inclusão é, de fato, um processo complexo, que envolve continuidades e rupturas.

Continuo a descobrir pistas nas tramas do cotidiano, enredadas com o fazer pedagógico e a formação dos professores, que vão além da formação transmissiva e das respostas prontas. Os professores especializados investiram e estão investindo no atendimento educacional especializado e criaram múltiplas redes de trabalho que vão além do esperado, além do sugerido. Eles é que tecem lindas redes de atendimento e fazem que os serviços ganhem cor, sabor, beleza, melodia. Essa é a tática do praticante que não se satisfaz somente com o dito, mas que também vai além dele e com dose de ousadia e inovação.

A história não tem fim

O desafio foi darmos o melhor, mobilizando todos da comunidade escolar. Com efeito, a inclusão é uma ação que exige um forte compromisso de todos os que compõem a rede de ensino. Finalizo esta narrativa, relembrando as palavras de Garcia (2001, p. 64): "a ousadia do fazer é que abre o campo do possível. E é o fazer – com seus erros e acertos – que nos possibilita a construção de algo consistente".

REFERÊNCIAS

ALVES, Nilda. *Decifrando o pergaminho*: o cotidiano das escolas nas lógicas das redes cotidianas. In: OLIVEIRA, Inês Barbosa; ALVES, Nilda (Orgs.). Pesquisa no/do cotidiano das escolas – sobre redes de saberes. Rio de Janeiro: DP&A, 2001.

_____. *Trajetórias e redes na formação de professores*. Rio de Janeiro: DP&A, 1998.

_____ (Org.). *Criar currículo no cotidiano*. São Paulo: Cortez, 2002.

ARENDT, Hanna. *Entre o passado e o futuro*. 3. ed. São Paulo: Perspectiva, 1992.

AZEVEDO, Joanir Gomes. Itinerâncias da pesquisa. In: GARCIA, Regina Leite (Org.). *Método:* pesquisa com o cotidiano. Rio de Janeiro: DP&A, 2003.

BATISTA, Cristina A. M.; MANTOAN, Maria Teresa E. *Educação Inclusiva*: atendimento educacional especializado para a deficiência mental. Brasília: MEC/SEESP, 2005.

BERSCH, Rita; SCHIRMER, Carolina. Tecnologia assistiva no processo educacional. In: BRASIL. Ministério da Educação. *Ensaios pedagógicos* – construindo escolas inclusivas. 1. ed. Brasília: MEC/SEESP, 2005.

BHABHA, Homi K. *O local da cultural*. 3.reimp. Trad. de Myriam Ávila, Eliana Lourenço de Lima Reis, Gláucia Renate Gonçalves. Belo Horizonte: Ed. UFMG, 2005.

BRASIL. *Constituição da República Federativa do Brasil*: promulgada em 5 de outubro de 1988 / obra coletiva de autoria de Antonio Luiz de Toledo Pinto, Márcia Cristina Vaz dos Santos Windt e Lívia Céspedes. 37. ed. atual. e ampl. São Paulo: Saraiva, 2005.

BRASIL. *Lei de Diretrizes e Bases da Educação Nacional*. Lei n. 93.494. Brasília: Centro Gráfico, 1996.

CERTEAU, Michel de. *A invenção do cotidiano*: artes de fazer. Petrópolis: Vozes, 1994.

COLOM, Antoni J. *A (des)construção do conhecimento pedagógico* – novas perspectivas para a educação. Trad. Jussara H. Rodrigues. Porto Alegre: Artmed, 2004.

DISCHINGER, Marta; BINS, Vera Ely M. B.; MACHADO, Rosângela. *Desenho universal nas escolas:* acessibilidade na rede municipal de ensino de Florianópolis. Florianópolis: SME, 2004.

Referências

ESTEBAN, Maria Teresa. Dilemas para uma pesquisadora com o cotidiano. In: GARCIA, Regina Leite (Org.). *Método:* pesquisa com o cotidiano. Rio de Janeiro: DP&A, 2003.

FÁVERO, Eugênia A.G. Direito à educação das pessoas com deficiência. In: *Revista de Estudos Jurídicos*, Brasília, n. 26, jul./set. 2004.

_____. *Direito das pessoas com deficiência:* garantia de igualdade na diversidade. Rio de Janeiro: WVA, 2004.

_____, PANTOJA, Luisa de Marillac; MANTOAN, Maria Teresa E. *O acesso de alunos com deficiência às escolas e classes comuns da rede regular.* Ed. rev. e atual. Brasília: Procuradoria Federal dos Direitos do Cidadão, 2004.

FERRAÇO, Carlos Eduardo. Ensaio de uma metodologia efêmera: ou sobre as várias maneiras de se sentir e inventar o cotidiano escolar. In: OLIVEIRA, Inês B. de; ALVES, Nilda (Orgs.). *Pesquisa no/do cotidiano das escolas* – sobre redes de saberes. Rio de Janeiro: DP&A, 2001.

_____. Eu, caçador de mim. In: GARCIA, Regina Leite (Org.). *Método*: pesquisa com o cotidiano. DP&A, 2003.

FERRE, Nuria Pérez de Lara. *Identidade, diferença e diversidade*: manter viva a pergunta. In: LARROSA, Jorge; SKLIAR, Carlos. Habitantes de Babel. Belo Horizonte: Autêntica, 2001.

GARCIA, Pedro B. Paradigmas em crise e a educação. In.: BRANDÃO, Z. (Org.). *A crise dos paradigmas e a educação.* 3.ed., São Paulo: Cortez, 2001.

GARCIA, Regina L.; ALVES, Nilda. Atravessando fronteiras e descobrindo (mais uma vez) a complexidade do mundo. In: ALVES, Nilda; GARCIA, Regina L. (Org.). *O sentido da escola.* 3. ed. Rio de Janeiro: DP&A, 2001.

GUATEMALA. Assembleia Geral, *29º período ordinário de sessões, tema 34 da agenda. Convenção interamericana para a eliminação de todas as formas de discriminação contra as pessoas portadoras de deficiência*, 1999.

LARROSA, Jorge. *Pedagogia profana.* Trad. Alfredo Veiga Neto. Belo Horizonte: Autêntica, 2003.

MANTOAN, Maria Teresa Eglér. Ensinando a turma toda. *Revista Pedagógica Pátio.* Porto Alegre, Ano V, n. 20, p.18-23, fev./abril, 2002.

Referências

_____. Inclusão escolar: *O que é? Por quê? Como fazer?* São Paulo: Moderna, 2003.

_____. O direito de ser, sendo diferente, na escola. In: *Revista de Estudos Jurídicos*, Brasília, n. 26, jul./set. 2004.

_____. *Uma escola de todos, para todos e com todos*: o mote da inclusão. Campinas: FE/Unicamp: s/d. (mimeo).

MITTLER, Peter. *Educação inclusiva: contextos sociais.* Trad. Windyz B. Ferreira. Porto Alegre: Artmed, 2003.

MORAES, Maria Cândida. *O paradigma educacional emergente.* 9. ed. Campinas: Papirus, 2003.

MORIN, Edgar. *Ciência com consciência.* 7. ed. Rio de Janeiro: Bertrand do Brasil, 2003.

_____. *Os sete saberes necessários à educação do futuro.* 5. ed. São Paulo: Cortez; 2002.

_____; LE MOIGNE, Jean-Louis. *A inteligência da complexidade.* 3. ed. São Paulo: Peirópolis, 2000.

NAJMANOVICH, Denise. *O sujeito encarnado* – questões para a pesquisa no/do cotidiano. Rio de Janeiro: DP&A, 2001.

NEVES, Maria Aparecida C. M. A crise dos paradigmas em Educação na óptica da Psicologia. In.: BRANDÃO, Z. (Org.). *A crise dos paradigmas e a educação.* 3. ed., São Paulo: Cortez, 2001.

OLIVEIRA, Inês Barbosa de. Certeau e as artes de fazer: as noções de uso, tática e trajetória na pesquisa em educação. In: OLIVEIRA, Inês B. de; ALVES, Nilda (Orgs.). *Pesquisa no/do cotidiano das escolas – sobre redes de saberes.* Rio de Janeiro: DP&A, 2001.

PERÉZ, Carmen L. Vidal. **Cotidiano: história(s), me**mória e narrativa. Uma experiência de formação continuada de professoras alfabetizadoras. In: GARCIA, Regina Leite (Org.). *Método:* pesquisa com o cotidiano. DP&A, 2003.

QUINTANA, Mário. *Poeminha do contra.* Poesia Completa. Rio de Janeiro: Nova Aguilar, 2005.

Referências

RANCIÈRE, Jacques. *O mestre ignorante:* cinco lições sobre a emancipação intelectual. Trad. Lílian do Valle. Belo Horizonte: Autêntica, 2002.

RODRIGUES, Nelson. *A cabra vadia:* novas confissões. São Paulo: Cia das Letras, 1995.

SANTOS, Boaventura Souza. *A crítica da razão indolente:* contra o desperdício da experiência. 5. ed. São Paulo: Cortez, 2005.

_____. Entrevista com o professor Boaventura de Souza Santos. 1995. Disponível em: <http://www.dhi.uem.br/jurandir/jurandir-boaven1.htm>. Acesso em: 20 nov. 2005.

_____. *Introdução a uma ciência pós-moderna.* Rio de Janeiro: Graal, 1989.

SANTOS, Maria Terezinha da Consolação T. dos. *O regular da escola regular* – desafios na/da construção de uma escola para todos. Campinas: Unicamp, 2002. Tese de doutorado.

SILVA, Tomaz Tadeu da. *Documentos de identidade* – uma introdução às teorias de currículo. 2. ed. Belo Horizonte: Autêntica, 2002.

_____. *Identidade e diferença:* a perspectiva dos estudos culturais. 4. ed. Petrópolis: Vozes, 2005.

STAINBACK, Susan; STAINBACK, William. *Inclusão:* um guia para educadores. Porto Alegre: Artes Médicas Sul, 1999.

ZACCUR, Edwiges. Metodologias abertas a itinerâncias, interações e errâncias cotidianas. In: GARCIA, Regina Leite (Org.). *Método:* pesquisa com o cotidiano. Rio de Janeiro: DP&A, 2003.

Fontes escolares

ATA de Consultoria dos Professores Especializados. Florianópolis: SME, 2001.

ATA de Consultoria dos Professores Especializados. Florianópolis: SME, 2003.

ATA de Consultoria dos Professores Especializados. Florianópolis: SME, 2004.

ATA de Formação dos Professores do Ensino Regular. Florianópolis: SME, 2002.

Referências

ATA de Reunião dos Professores Especializados. Florianópolis: SME, 2002.

CADERNO de Registros. Florianópolis: SME, 2001.

CADERNO de Registros. Florianópolis: SME, 2002.

CADERNO de Registros. Florianópolis: SME, 2003.

CADERNO de Registros. Florianópolis: SME, 2004.

RELATÓRIO de Atividades dos Professores Especializados. Florianópolis: SME, 2001.

RELATÓRIO de Atividades dos Professores Especializados. Florianópolis: SME, 2002.

RELATÓRIO de Atividades dos Professores Especializados. Florianópolis: SME, 2003.

RELATÓRIO de Atividades dos Professores Especializados. Florianópolis: SME, 2004.

Rosângela Machado é pedagoga formada pela Universidade Federal de Santa Catarina (1990). Especialista em Educação Especial pela Universidade de Gunma/Japão (2001). Mestre em Educação pela Universidade Estadual de Campinas (2006). Doutoranda em Educação pela Universidade Estadual de Campinas. Coordenadora de Educação Especial da Secretaria Municipal de Educação de Florianópolis no período de 2001 a 2007. Membro do Laboratório de Estudos e Pesquisas em Ensino e Diversidade – Leped/Unicamp. Membro do Conselho Municipal dos Direitos da Pessoa com Deficiência. Coordenadora Geral da Política Pedagógica da Educação Especial da Secretaria de Educação Especial do Ministério da Educação – SEESP/MEC. É professora de graduação e pós-graduação. Sua trajetória profissional inclui a atuação como professora especializada da Rede Municipal de Ensino de Florianópolis, a publicação de artigos e livros sobre inclusão escolar e deficiência, palestras e conferências sobre deficiência, ensino, aprendizagem, inclusão escolar e o papel do atendimento educacional especializado. A autora tem se destacado pela sua atuação na gestão de políticas públicas educacionais voltadas para o atendimento de crianças e jovens com deficiência na rede regular de ensino.